Impressum
Verlag: BABADADA GmbH, Nedderfeld 112 , 22529 Hamburg
Geschäftsführer / Verlagsleitung: Harald Hof
Druck: Books on Demand GmbH, In de Tarpen 42, 22848 Norderstedt

Imprint
Publisher: BABADADA GmbH, Nedderfeld 112 , 22529 Hamburg, Germany
Managing Director / Publishing direction: Harald Hof
Print: Books on Demand GmbH, In de Tarpen 42, 22848 Norderstedt, Germany

ማካፈል
dividir

186/2

ሰሌዳ
la pizarra

መማሪያ ክፍል
el aula

የትምህርት ቤት ቅጥር ግቢ
el patio

መምህር
el maestro/a

ወረቀት
el papel

መጻፍ
escribir

እስክሪብቶ
el bolígrafo

መጻፊያ ጠረጴዛ
el escritoria

ማስመሪያ
la regla

መጽሐፍ
el libro

ተማሪ
el alumno/a

የጀርባ ቦርሳ
la cartera

የእርሳስ መያዣ
la caja de lápices

እርሳስ
el lápiz

የእርሳስ መቅረጫ
el sacapuntas

ላጲስ
la goma de borrar

የስዕል ደብተር
el cuaderno de dibujo

ስዕል

el dibujo

የቀለም ብሩሽ

el pincel

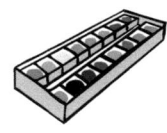

የቀለም ሳጥን

la caja de pinturas

መቀስ

las tijeras

ማጣበቂያ

el pegamento

መልመጃ ደብተር

el cuaderno de ejercicios

የቤት ስራ

los deberes

ቁጥር

el número

መደመር

sumar

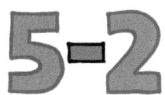

መቀነስ

restar

ማባዛት

multiplicar

ቁጥሮችን ማስላት

calcular

ደብዳቤ

la letra

ፊደላት

el alfabeto

ቃል

la palabra

ትምህርት ቤት - la escuela

ዕሑፍ

el texto

ማንበብ

leer

ጠመኔ

la tiza

ትምህርት

la lección

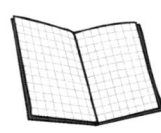

ምዝገባ

el cuaderno de notas

ፈተና

el examen

ሰርተፊኬት

el certificado

የትምህርት ቤት የደንብ ልብስ

el uniforme

ትምህርት

la educación

አዉደ ጥበብ

la enciclopedia

ዩኒቨርስቲ

la universidad

የምርምር አጉሊ መሳርያ

el microscopio

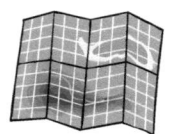

ካርታ

el mapa

የቆሻሻ ወረቀት መጣያ ቅርጫት

la papelera

el viaje

ሆቴል
el hotel
Grand
ማረፊያ ቤት
el albergue
ROOMS
ገንዘብ ምንዛሪ ቢሮ
cina de cambio de divisas
CHANGE
ልብስ መያዣ ሻንጣ
la maleta
መኪና
el coche

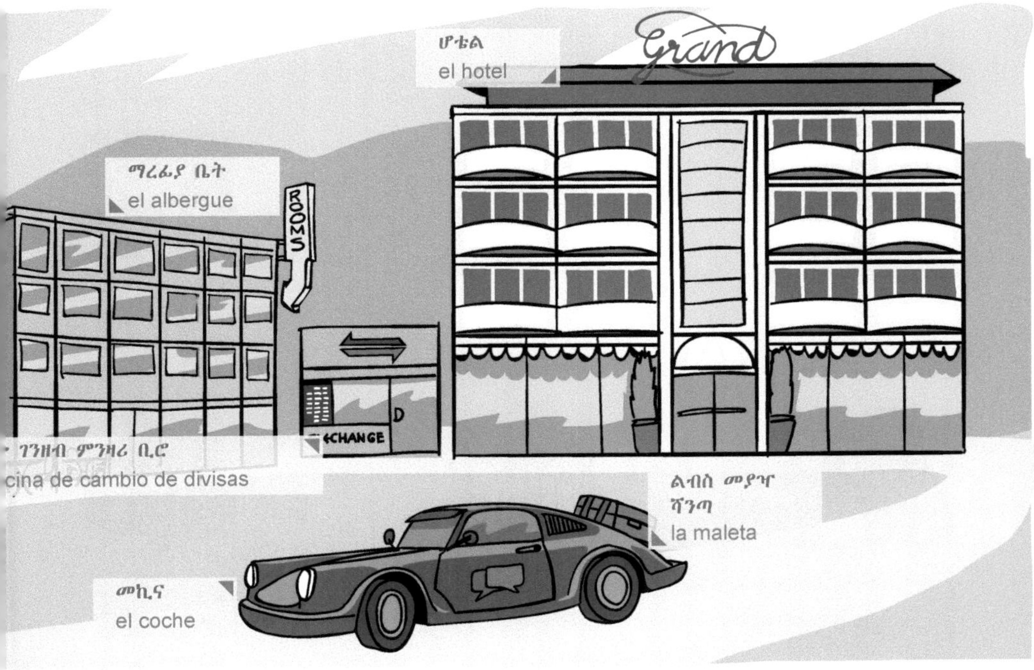

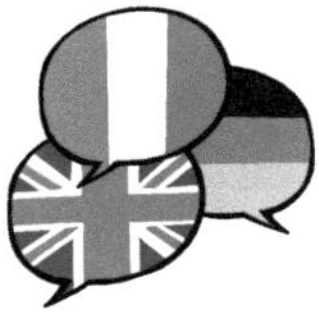

ቋንቋ

el idioma

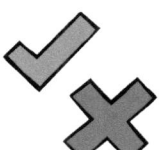

አዎ/ አይደለም

sí / no

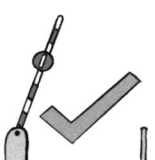

እሺ

Vale

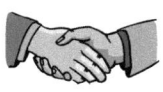

ሰላም

hola

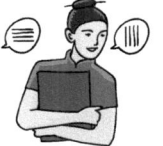

አስተርጓሚ

el traductor

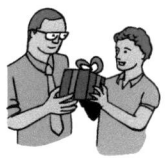

አመሰግናለሁ

Gracias

ስንት ነዉ…….?

¿cuánto es…?

አልገባኝም

No entiendo

እክል

el problema

እንደምን አመሹ!

¡Buenas tardes!

እንደምን አደሩ!

¡Buenos días!

መልካም ምሽት!

¡Buenas noches!

ደህና ይሰንብቱ

adiós

አቅጣጫ

la dirección

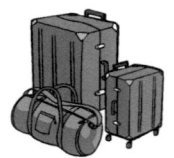

ሻንጣ

el equipaje

ቦርሳ

la bolsa

የጀርባ ቦርሳ

la mochila

እንግዳ

el invitado

ክፍል

la habitación

የመተኛ ቦርሳ

el saco de dormir

ድንኳን

la tienda de campaña

የጎብኚዎች መረጃ

información turística

የባህር ዳርቻ

la playa

ክሬዲት ካርድ

la tarjeta de crédito

ቁርስ

el desayuno

ምሳ

el almuerzo

እራት

la cena

ቲኬት

el billete

አሳንስር

el ascensor

ማህተም

el sello

ድንበር

la frontera

ባህሎች

la aduana

ኤምባሲ

la embajada

ቪዛ/የይለፍ ወረቀት

la visa

ፓስፖርት

el pasaporte

el transporte

አዉሮፕላን
el avión

መርከብ
el barco

የ ሳት አደጋ መኪና
el coche de bomberos

አዉቶብስ
el autobús

የጭነት መኪና
el camión

የ ተሽከር ጀልባ
la lancha a motor

ብስ ሌት
la bicicleta

መኪና
el coche

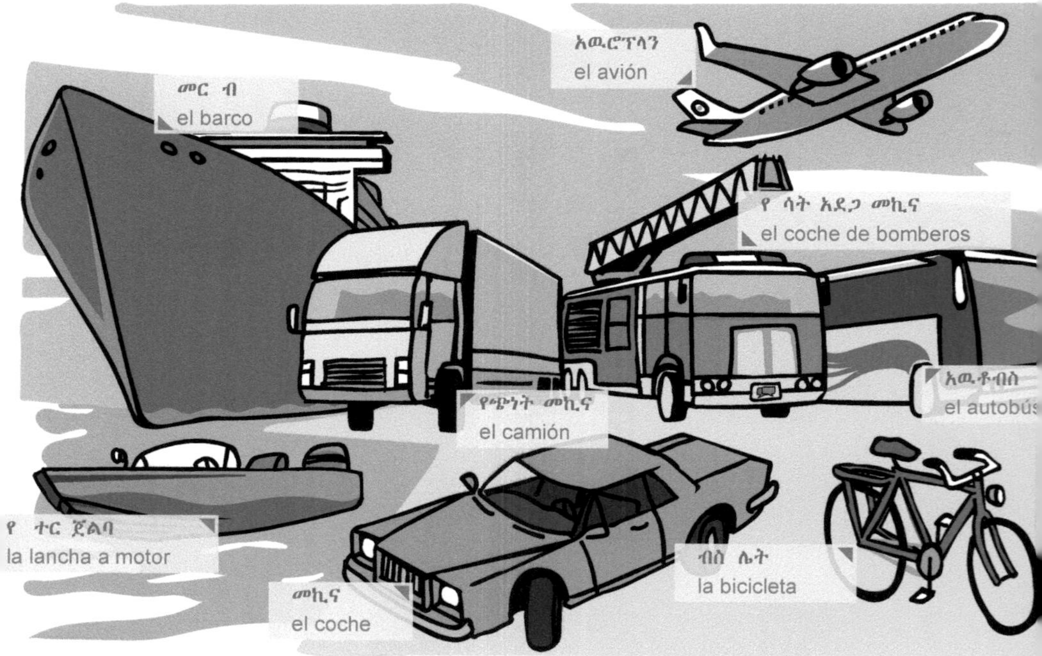

የማመላለሻ ጀልባ
el transbordador

ጀልባ
la barca

የ ተሽከር ብስ ሌት
la moto

የፖሊስ መኪና
el coche de policía

የዉድድር መኪና
el coche de carreras

የኪራይ መኪና
el coche de alquiler

የመኪና መጋራት
....
préstamo de vehículos

ጎታች መኪና
....
la grúa

የቆሻሻ ጭነት መኪና
....
el camión de la basura

ሞተር
....
el motor

ነዳጅ
....
la gasolina

የቤንዚን ማደያ
....
la gasolinera

የመንገድ ምልክት
....
la señal de tráfico

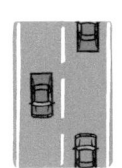

የመኪኖች እንቅስቃሴ
....
el tráfico

የመኪና መጨናነቅ
....
el atasco

የመኪና ማቆሚያ
....
el aparcamiento

የባቡር ጣቢያ
....
la estación de tren

የባቡር ሀዲዶች
....
las vías

ባቡር
....
el tren

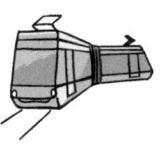

የኤሌክትሪክ ባቡር
....
el tranvía

ሰረገላ
....
el vagón

ሄሊኮፕተር
el helicóptero

አየር ማረፊያ
el aeropuerto

ማማ
la torre

መንገደኛ
el pasajero

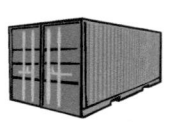

ማስቀመጫ፤ ማጠራቀሚያ
el contenedor

ካርቶን እቃ ማሸጊያ
la caja de cartón

ጋሪ፤ ተሳቢ
la carretilla

ቅርጫት
la cesta

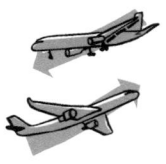

መነሳት/ ማረፍ
despegar / aterrizar

ከተማ

la ciudad

መንደር
el pueblo

የከተማ ማዕከል
el centro de la ciudad

ቤት
la casa

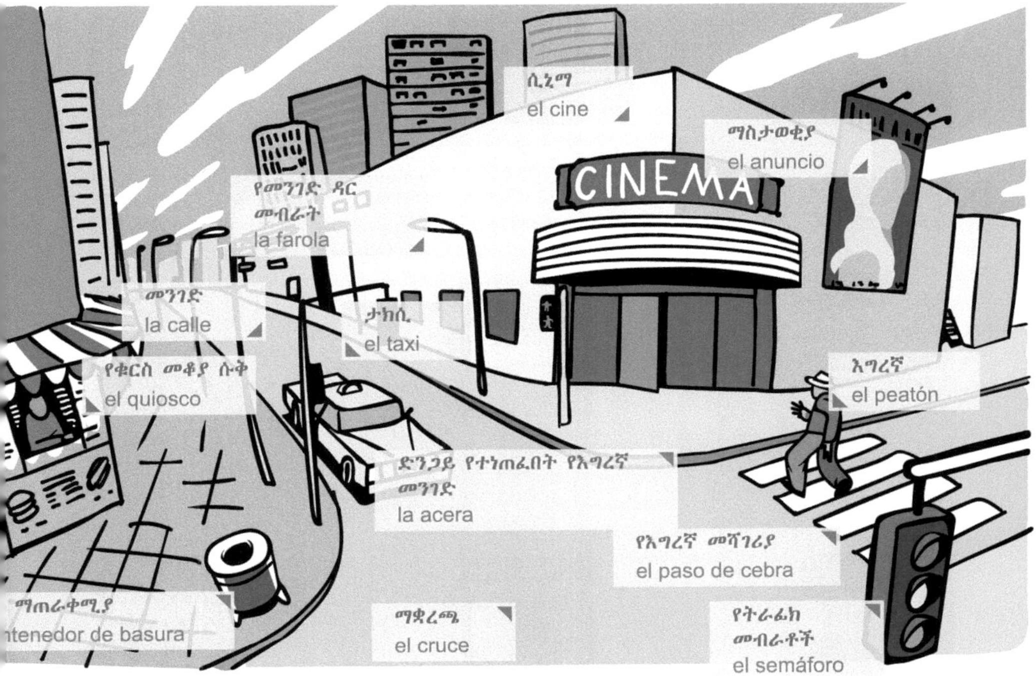
ሲኒማ
el cine
CINEMA
ማስታወቂያ
el anuncio
የመንገድ ዳር መብራት
la farola
መንገድ
la calle
ታክሲ
el taxi
የቁርስ መቆያ ሱቅ
el quiosco
እግረኛ
el peatón
ድንጋይ የተነጠፈበት የእግረኛ መንገድ
la acera
የእግረኛ መሻገሪያ
el paso de cebra
ማጠራቀሚያ
ntenedor de basura
ማቋረጫ
el cruce
የትራፊክ መብራቶች
el semáforo

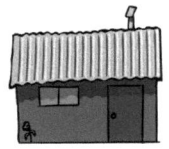

ጎጆ

la cabaña

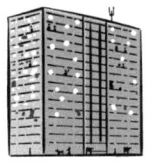

አፓርታማ

el apartamento

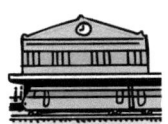

የባቡር ጣቢያ

la estación de tren

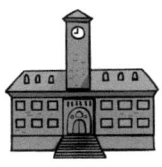

የከተማ አዳራሽ

el ayuntamiento

MUSEUM

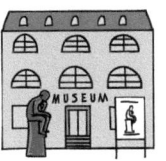

ቤተ መዘክር

el museo

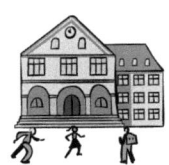

ትምህርት ቤት

la escuela

ዩኒቨርስቲ

la universidad

ባንክ

el banco

ሆስፒታል

el hospital

ሆቴል

el hotel

መድሐኒት ቤት

la farmacia

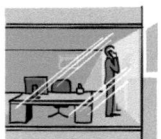

ቢሮ

la oficina

መፅሐፍ መሸጫ

la librería

ሱቅ

la tienda de campaña

የአበባ መሸጫ

la floristería

የሸቀጣ ሸቀጥ መደብር

el supermercado

ገበያ ስፍራ

el mercado

መደብር

los grandes almacenes

የዓሳ ነጋዴ

la pescadería

የገበያ ማዕከል

el centro comercial

ወደብ

el puerto

መናፈሻ ቦታ

el parque

አግዳሚ ወንበር

el banco

ድልድይ

el puente

ደረጃዎች

las escaleras

ዉስጥ ለዉስጥ

el metro

ዋሻ

el túnel

የአዉቶቡስ ፌርማታ

la parada de autobús

ባር

el bar

ምግብ ቤት

el restaurante

የፖስታ ሳጥን

el buzón

የመንገድ ምልክት

el poste indicador

የመኪና ማቆሚያ ሒሳብ የሚያሰላ ማሽን

el parquímetro

የደር እንስሳት ማቆያ

el zoo

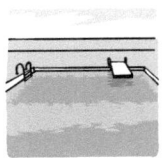

የመዋኛ ገንዳ

la piscina

መስጊድ

la mezquita

ከተማ - la ciudad

13

እርሻ

la granja

የሚበክል ነገር

la contaminación

መቃብር ስፍራ

el cementerio

ተ ክርስቲያን

la iglesia

መጫወቻ ሜዳ

el patio de juego

ተ መቅደስ

el templo

መልከዓምድር
el paisaje

ቅ ል
la hoja

የመንገድ ይ ምልክት
la señal

መንገድ
el camino

አረንጓዴ መስክ
el prado

ድንጋይ
la piedra

ዛፍ
el árbol

በእ ሩ የሚጓዝ
el excursionista

ወንዝ
el río

ሳር
la hierba

አበባ
la flor

ሸለቆ

el valle

ኮረብታ

la colina

ሀይቅ

el lago

ጫካ

el bosque

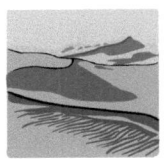

በረሃ

el desierto

እሳተ ገሞራ

el volcán

ግምብ

el castillo

ቀስተ ዳመና

el arcoíris

እንጉዳይ

el champiñón

የቴምብር ዛፍ/ ዘንባባ

la palmera

ቢንቢ/ የወባ ትንኝ

el mosquito

በራሪ

la mosca

ጉንዳን

la hormiga

ንብ

la abeja

ሸረሪት

la araña

ጢንዚዛ
el escarabajo

እንቁራሪት
la rana

ሽኮኮ
la ardilla

ጃርት
el erizo

ጥንቸል
la liebre

ጉጉት ወፍ
la lechuza

ወፍ
el pájaro

የዉሃ ዳክዬ
el cisne

ከርከሮ
el jabalí

አጋዘን
el ciervo

አጋዘን
el alce

ግድብ
la presa

በነፋስ የሚሽከረከር
la turbina eólica

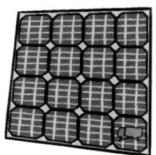

የፀሀይ ፓኔሎ
el panel solar

አየር ንብረት
el clima

መልከዓምድር - el paisaje

ምግብ ቤት
el restaurante

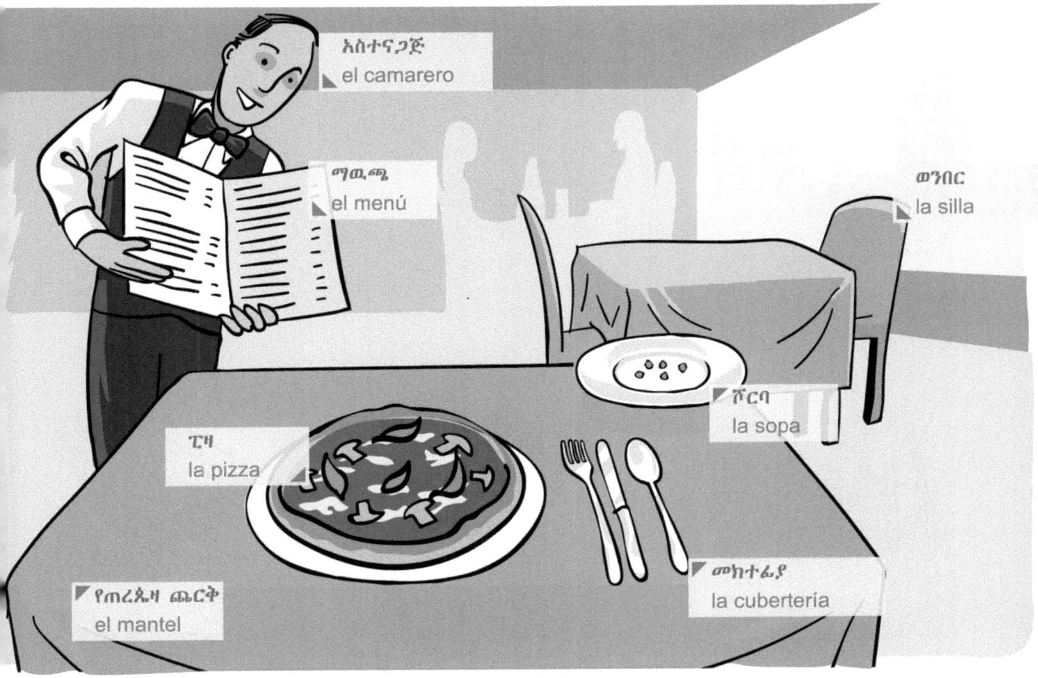

አስተናጋጅ
el camarero
ማዉጫ
el menú
ወንበር
la silla
ሾርባ
la sopa
ፒዛ
la pizza
የጠረጴዛ ጨርቅ
el mantel
መክተፊያ
la cubertería

የምግብ ፍላጎትን የሚከፍት ምግብ
el primer plato

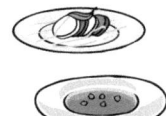

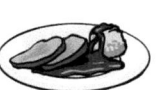

ዋና ምግብ
el plato principal

ማጣጣሚያ ተከታይ ምግብ
el postre

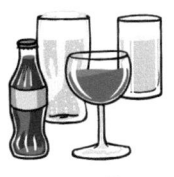

መጠጦች
las bebidas

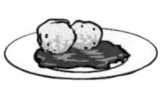

ምግብ
la comida

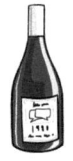

ጠርሙስ
la botella

ፈጣን ምግብ
....
la comida rápida

የመንገድ ምግብ
....
la comida callejera

የሻይ ማንቆርቆሪያ
....
la tetera

የስኳር እቃ
....
el azucarero

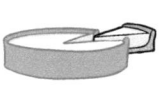

ድርሻ
....
la porción

የቡና ማፈያ ማሽን
....
la cafetera expreso

ባለጎ ወንበር
....
la trona

የክፍያ ደረሰኝ
....
la cuenta

ትሪ
....
la bandeja

ቢላዋ
....
el cuchillo

ሹካ
....
el tenedor

ማንኪያ
....
la cuchara

የሻይ ማንኪያ
....
la cucharilla

ልብስ ምግብ እንዳይነካ የሚረዳ
ጨርቅ
la servilleta

ብርጭቆ
....
el vaso

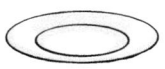

ዝርግ ሰሀን

el plato

የሾርባ ጎድጓዳ ሰሀን

el plato hondo

የስኒ ማስቀመጫ

el platillo

ማጣፈጫ ስጎ

la salsa

የጨዉ እቃ

el salero

የተፈጨ ቃሪያ

el molinillo de pimienta

ኮምጣጤ

el vinagre

የምግብ ዘይት

el aceite

ቀመማ ቅመሞች

las especias

የቲማቲም ድልህ

el ketchup

ሰናፍጭ

la mostaza

ማዮኔዝ

la mayonesa

የሸቀጣ ሸቀጥ መደብር

el supermercado

ልዩ አቅራቦት
la oferta especial
ደምበኛ
el cliente
FOR
የወተት ተዋፅዖ
los lácteos
ፍራፍሬ
la fruta
ባለ ጎማ የእጅ ጋሪ
el carro de compra

BUTCHERS

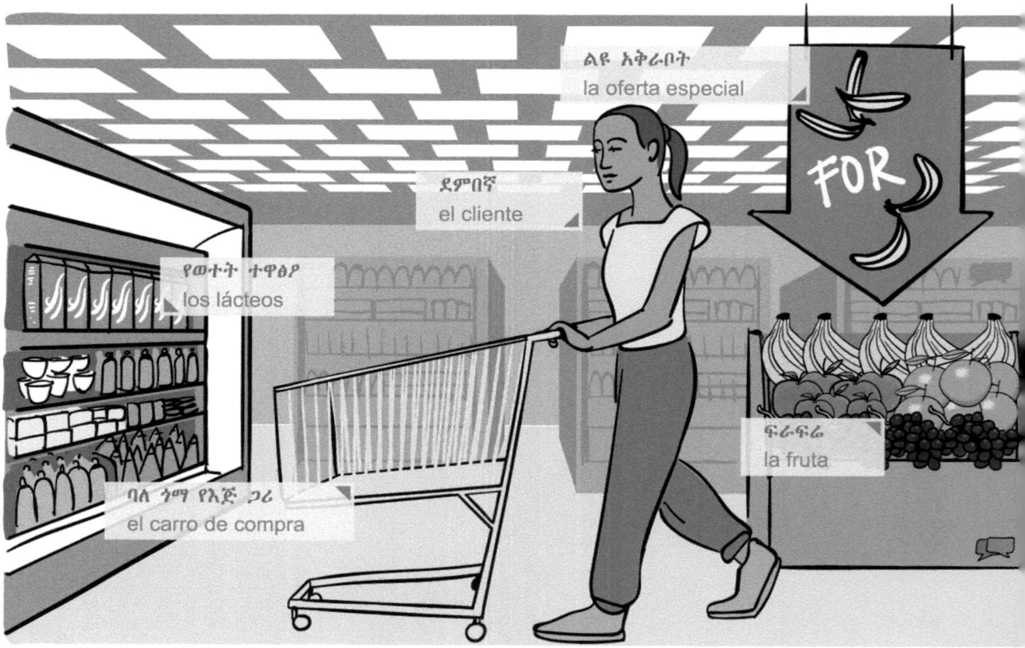

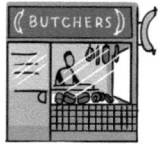

ሉካንዳ ነጋዴ
....
la carniceria

BAKERY

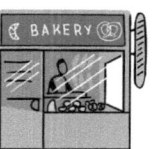

መጋገርያ
....
la panadería

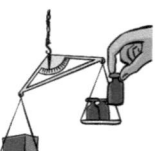

ክብደት መመዘን
....
pesar

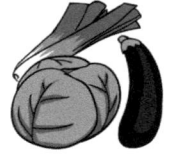

ቅጠላ ቅጠል አትክልት
....
las verduras

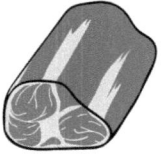

ስጋ
....
la carne

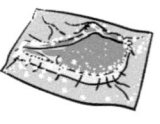

የቀዘቀዘ/የረጋ ምግብ
....
los alimentos congelados

ቀዝቃዛ ቁራጭ
los fiambres

የታሸገ ምግብ
las conservas

የማጠቢያ ዱቄት
el detergente en polvo

ጣፋጮች
los dulces

የቤት ዉስጥ ዉጤቶች
productos de uso doméstico

የፅዳት ምርቶች
productos de limpieza

የሽያጭ ባለሙያ
la vendedora

የገንዘብ መመዝበያ ማሽን
la caja de cartón

የሒሳብ ሰራተኛ
el cajero

የግዢ ዝርዝር
la lista de la compra

ክፍት ሰዓታት
el horario de atención al público

የኪስ ቦርሳ
la cartera

ክሬዲት ካርድ
la tarjeta de crédito

ቦርሳ
la bolsa de plástico

የፕላስቲክ ቦርሳ
la bolsa de plástico

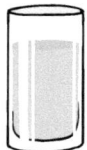

ውሃ

el agua

ጭማቂ

el zumo

ወተት

la leche

ኮካ-ኮላ

la cola

ወይን

el vino

ቢራ

la cerveza

አልኮል

el alcohol

ኮካ

el cacao

ሻይ

el té

ቡና

el café

የተፈላ ቡና

el expreso

ካፑቺኖ

el capuchino

la comida

ሙዝ

el plátano

ፖም

la manzana

ብርቱካን

la naranja

ሀብሀብ

el melón

ሎሚ

el limón

ካሮት

la zanahoria

ነጭ ሽንኩርት

el ajo

ሽምበቆ

el bambú

ቀይ ሽንኩርት

la cebolla

እንጉዳይ

el champiñón

ለዉዝ

las avellanas

የህፃናት ምግብ

los fideos

ፓስታ

las espagueti

ሩዝ

el arroz

ሰላጣ

la ensalada

የድንች ጥብስ

las patatas fritas

ድንች ጥብስ

las patatas fritas

ፒዛ

la pizza

ዳቦ ዉስጥ በስሱ ተጠብሶ የገባ
ስጋ

la hamburguesa

ሳንድዊች

el sándwich

ጥሬ ስጋ

el filete

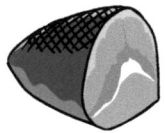

የአሳማ ስጋ

el jamón

በቅመምና በጨዉ የታሸ ምግብ
ቀዝቅዞ የሚበላ ሾርባ ምግብ

le salami

ቋሊማ

la salchicha

ዶሮ

el pollo

ጥብስ

el asado

አሳ

el pescado

የአጃ ገንፎ
....
los copos de avena

ከወተት ጋር ተደባልቀዉ የሚበሉ
"ሙዝሊች"
el muesli

የበቆሎ ቅርፊት
....
los copos de maíz

ዱቄት
....
la harina

ኩራሳ
....
el cruasán

ድብልብል ዳቦ
....
el panecillo

ዳቦ
....
el pan

መጥበስ
....
la tostada

ብስኩት
....
las galletas

ቅቤ
....
la mantequilla

እርጎ
....
la cuajada

ኬክ
....
el pastel

እንቁላል
....
el huevo

እንቁላል ጥብስ
....
el huevo frito

አይብ
....
el queso

የበረዶ ክሬም

el helado

ስኳር

el azúcar

ማር

la miel

ማርማላት

la mermelada

የተናጠ የወተት ክሬም

la crema de turrón

ማጣፈጫ

el curry

እርሻ
la granja

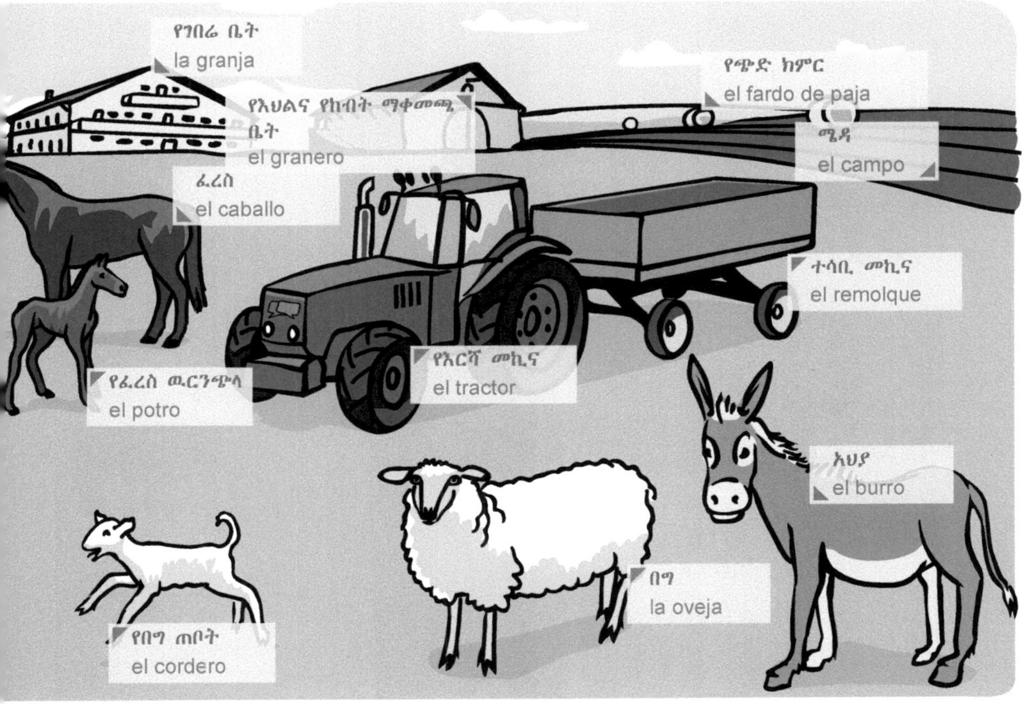
የገበሬ ቤት
la granja
የጭድ ክምር
el fardo de paja
የእህልና የከብት ማቀመጫ ቤት
el granero
ሜዳ
el campo
ፈረስ
el caballo
ተሳቢ መኪና
el remolque
የእርሻ መኪና
el tractor
የፈረስ ዉርንጭላ
el potro
አህያ
el burro
በግ
la oveja
የበግ ጠቦት
el cordero

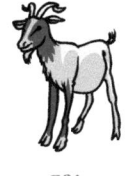

ፍየል

la cabra

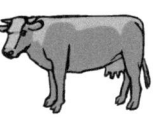

ላም

la vaca

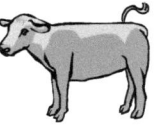

ጥጃ

el ternero

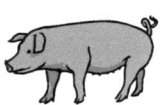

አሳማ

el cerdo

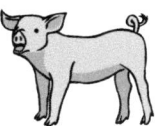

ግልገል አሳማ

el cerdito

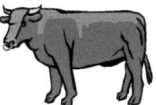

ኮርማ

el toro

ዝይ

el ganso

ዳክዬ

el pato

የዶሮ ጫጩት

el pollo

ዶሮ

la gallina

አዉራ ዶሮ

el gallo

አይጥ

la rata

ደድመት

el gato

አይጥ

el ratón

በሬ

el buey

ዉሻ

el perro

የዉሻ ቤት

la perrera

የአትክልት ቦታ

la manguera

ዉሃ ማጠጫ ባልዲ

la regadera

ረጅም ማጭድ

la guadaña

ማረሻ

el arado

ማጭድ

la hoz

መኮትኮቻ

la azada

የእህል መንሽ

la horca

መጥረቢያ

el hacha

ኩርኩር/ የእጅ ጋሪ

la carretilla

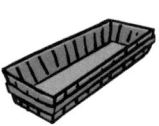

ገንዳ

el abrevadero

የወተት ዕቃ

la lechera

ጆንያ ከረጢት

el saco

አጥር

la valla

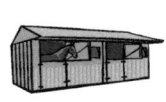

የፈረስ ጋጣ

el establo

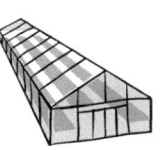

ዕፅዋት ማሳደጊያ የመስታዉት ቤት

el invernadero

አፈር

el suelo

ዘር

la semilla

የመሬት ማዳበሪያ

el fertilizador

ጥምር ማረሻ

la cosechadora

እርሻ - la granja

29

አዝመራ መሰብሰብ

cosechar

አዝመራ

la cosecha

ድንች

el ñame

ስንዴ

el trigo

ሶያ

el soja

ድንች

la patata

በቆሎ

el maíz

የከብት መኖ

la semilla de colza

የፍሬ ዛፍ

el árbol frutal

የካሳቫ ዛፍ

la mandioca

እህል

las cereales

ቤት
la casa

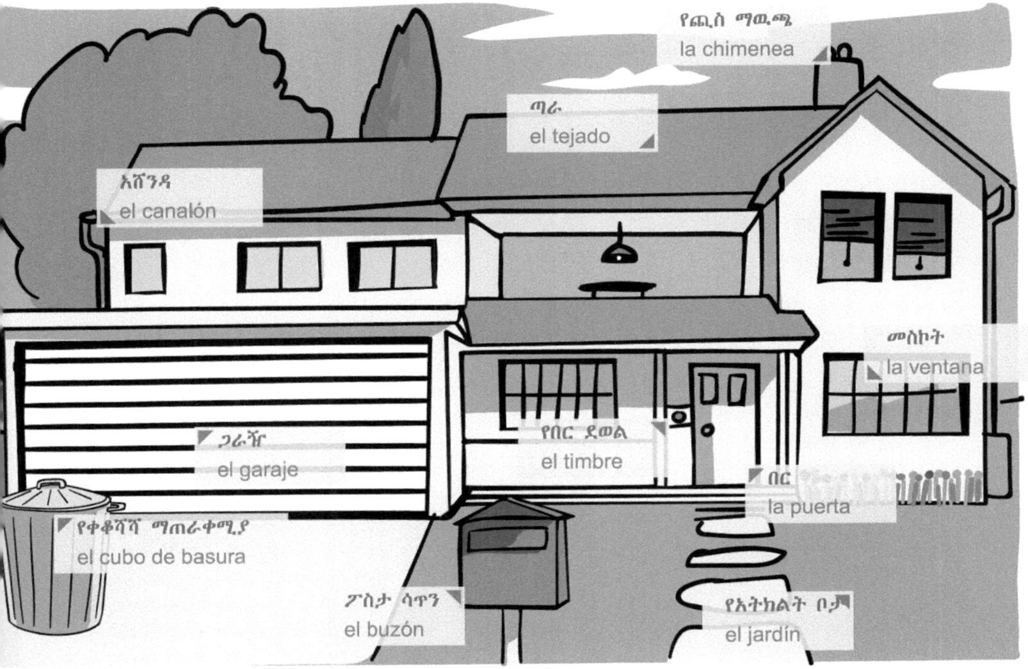
የጪስ ማዉጫ
la chimenea
ጣራ
el tejado
አሸንዳ
el canalón
መስኮት
la ventana
ጋራዥ
el garaje
የበር ደወል
el timbre
በር
la puerta
የቆሻሻ ማጠራቀሚያ
el cubo de basura
ፖስታ ሳጥን
el buzón
የአትክልት ቦታ
el jardín

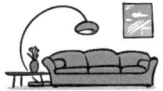

ሳሎን
....
la sala

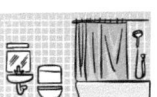

መታጠቢያ ቤት
....
el cuarto de baño

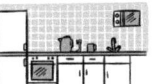

ማድቤት
....
la cocina

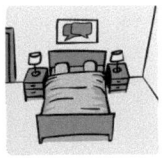

መኝታ ቤት
....
el dormitorio

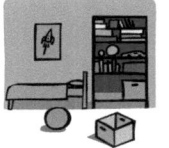

የልጅ ክፍል
....
la habitación de los niños

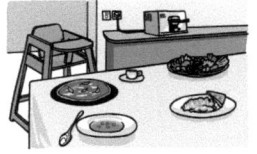

መመገቢያ ክፍል
....
el comedor

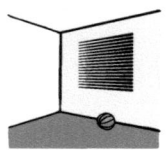

ወለል
el suelo

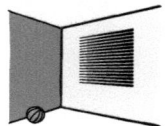

ግድግዳ
la pared

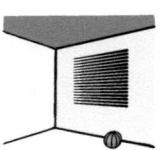

ጣሪያ
el techo

ምድር ቤት
el sótano

በእንፋሎት ሙቀት መታጠቢያ ቤት
la sauna

ሰገነት
el balcón

ከፍ ያለ መደብ
la terraza

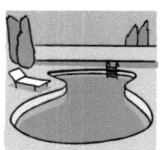

የመዋኛ ገንዳ
la piscina

የማጨጃ መኪና
el cortacésped

አንሶላ
la sábana

የአልጋ ልብስ
la colcha

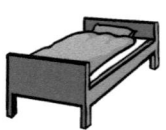

አልጋ
la cama

መጥረጊያ
la escoba

ባልዲ
el balde

ማብሪያና ማጥፊያ
el interruptor

ሳሎን

la sala

የግድግዳ ወረቀት
el papel pintado
ፎቶ
la imagen
መብራት
la lámpara
መደርደሪያ
el estante
ቁም ሳጥን፣ ካቢኔ
el armario
ቴሌቭዥን
la televisión
የእሳት መሞቂያ
la chimenea
አበባ
la flor
ትራስ
el cojín
ሶፋ
el sofá
የአበባ ማስቀመጫ
el jarrón
ሪሞት ኮንትሮል
el mando a distancia

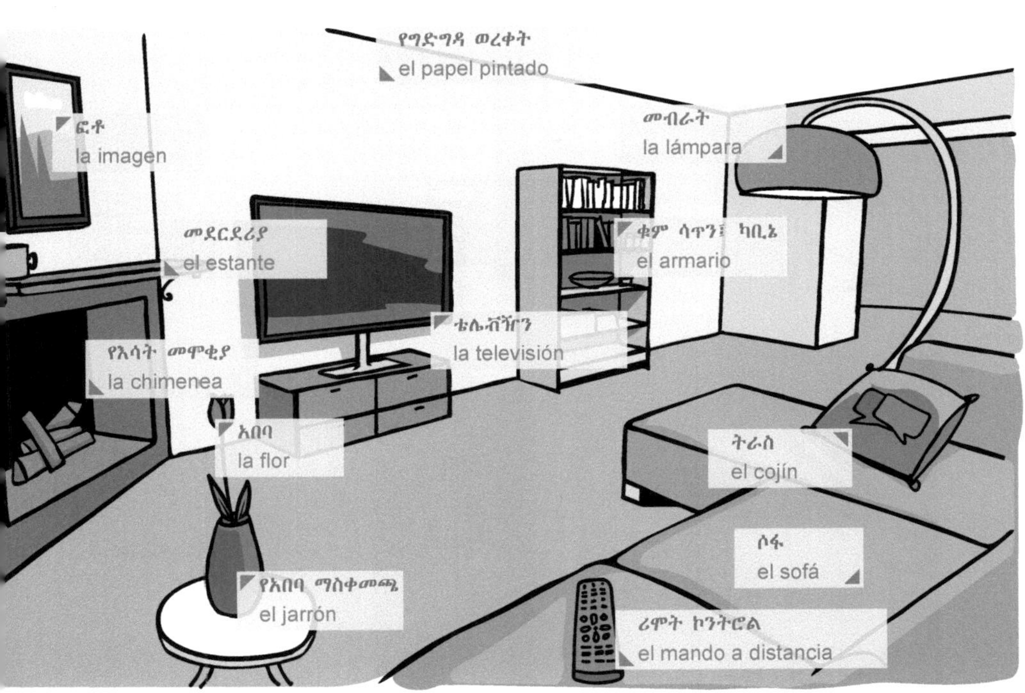

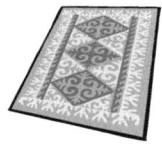

ንጣፍ

la alfombra

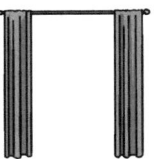

መጋረጃ

la cortina

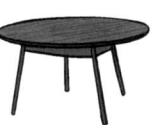

ጠረጴዛ

la mesa

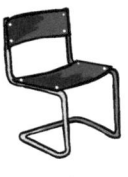

ወንበር

la silla

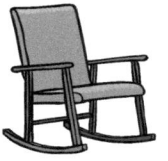

ተወዛዋዥ ወንበር

el mecedora

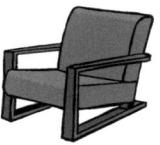

ባለመደገፊያ ወንበር

la butaca

መጽሐፍ

el libro

ብርድ ልብስ

la manta

ጌጥ

la decoración

ማገዶ

la leña

ፊልም

la película

የሙዚቃ መማሪያዎች

el equipo de música

ቁልፍ

la llave

ጋዜጣ

el periódico

ስዕል

la pintura

የተለጠፈ ማስታወቂያ እንደ ስዕል

el póster

ራዲዮ

la radio

ማስታወሻ ደብተር

el cuaderno

የአየር ማዕጸ ለምንጣፍ

la aspiradora

ቁልቁል

el cactus

ሻማ

la vela

ማድቤት

la cocina

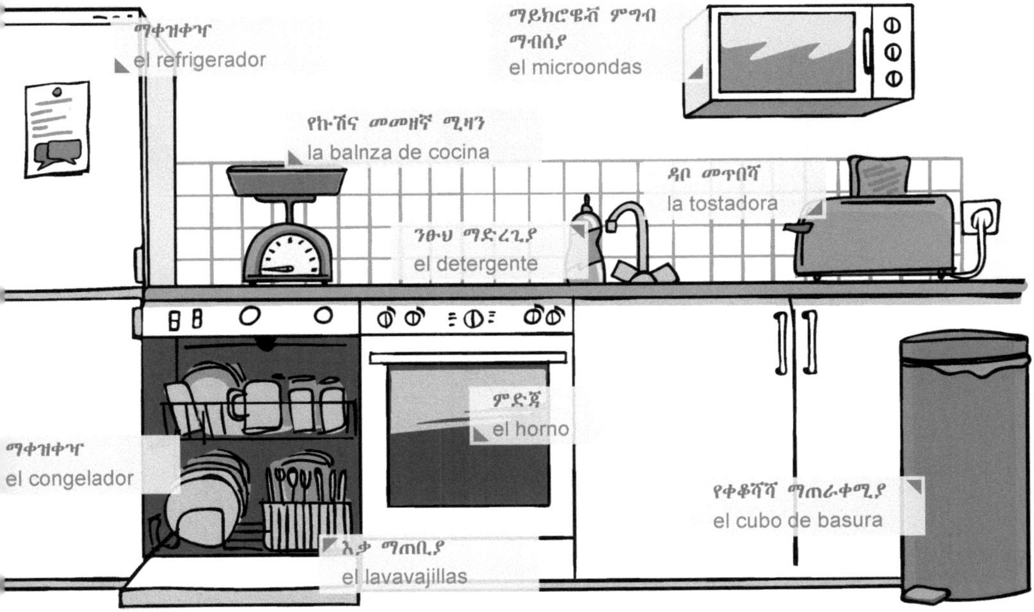

ማቀዝቀዣ
el refrigerador
ማይክሮዌቭ ምግብ ማብሰያ
el microondas
የኩሽና መመዘኛ ሚዛን
la balnza de cocina
ዳቦ መጥበሻ
la tostadora
ንፁህ ማድረጊያ
el detergente
ምድጃ
el horno
ማቀዝቀዣ
el congelador
የቆቆሻሻ ማጠራቀሚያ
el cubo de basura
እቃ ማጠቢያ
el lavavajillas

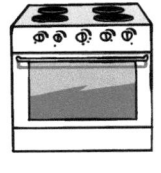

ምግብ አብሳይ
....
la olla a presión

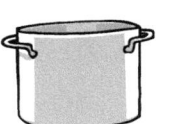

ማሰሮ
....
la olla

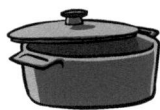

የብረት ማሰሮ
....
la olla de hierro fundido

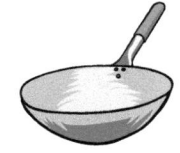

ምግብ ማብሰያ ዝርግ ድስት
....
el wok

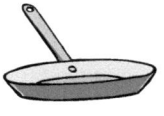

የምግብ መጥበሻ
....
la cazuela

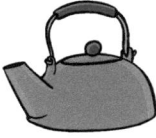

ማንቆርቆሪያ
....
el hervidor

የእንፉሎት ማብሰያ
la vaporera

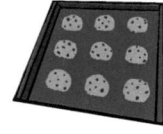

የመጋገሪያ ትሪ
la chapa de horno

ሰብሰቦች
la vajilla

ትልቅ ኩባያ
la taza

ጎድጓዳ ሳህን
el tazón

ቾፕስቲክስ
los palillos

ጭልፋ
el cucharón

መስቀስቂያ ዝርግ ማንኪያ
la espumadera

ማደባለቂያ
el batidor

መወጠሪያ
el colador

ወንፊት
el cedazo

መፈርፈሪያ መሳሪያ
el rallador

ሲሚንቶ
el mortero

የፍም ጥብስ
la barbacoa

የተለቀቀ እሳት
la hoguera

መክተፈያ

la tabla de picar

ተንሽራታች መርፌ

el rodillo

የጠርሙስ መክፈቻ

el sacacorchos

ጣሳ

la lata

የጣሳ መክፈቻ

el abrelatas

የማሰሮ መሸፈኛ

el agarrador

ሳህን ማጠቢያ

el lavabo

ብሩሽ

el cepillo

ስፖንጅ

la esponja

መደባለቂያ መሳሪያ

la batidora

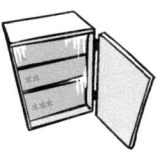

በጣም ማቀዝቀዣ

el congelador

ጡጦ

el biberón

ቧንቧ

el grifo

መታጠቢያ ቤት

el cuarto de baño

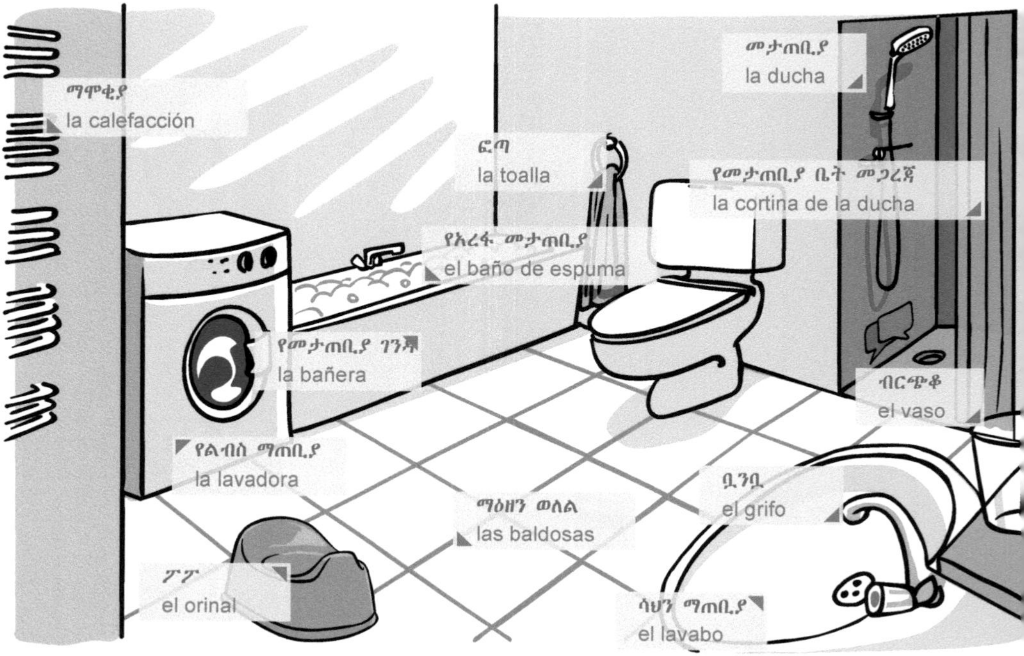

ማሞቂያ
la calefacción
መታጠቢያ
la ducha
ፎጣ
la toalla
የመታጠቢያ ቤት መጋረጃ
la cortina de la ducha
የአረፋ መታጠቢያ
el baño de espuma
የመታጠቢያ ገንዳ
la bañera
ብርጭቆ
el vaso
የልብስ ማጠቢያ
la lavadora
ቧንቧ
el grifo
ማዕዘን ወለል
las baldosas
ፖፖ
el orinal
ሳህን ማጠቢያ
el lavabo

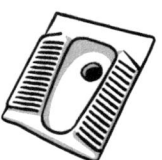

ሽንት ቤት

el inodoro

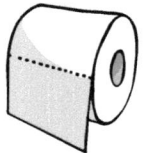

የሽንት ቤት መቀመጫ

el inodoro rústico

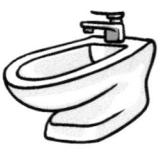

ሳፋ

el bidé

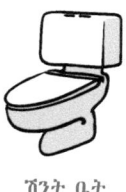

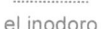

የመንገድ ዳር መሽኛ

el urinario

የሽንት ቤት ወረቀት

el papel higiénico

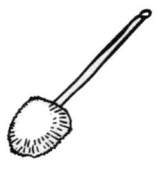

የሽንት ቤት ማፅጃ ብሩሽ

la escobilla del váter

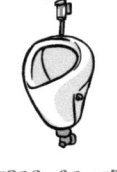

የጥርስ ብሩሽ
el cepillo de dientes

የጥርስ ሳሙና
la pasta de dientes

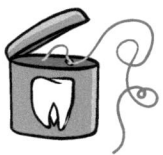

የጥርስ ማፅጃ ክር
el hilo dental

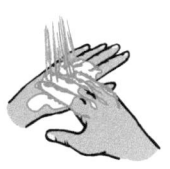

መታጠብ
lavar

የእጅ መታጠቢያ
la ducha de mano

መታጠቢያ
la ducha íntima

ጎድጓዳ ሳህን
la pila

የጀርባ ብሩሽ
el cepillo de espalda

ሳሙና
el jabón

ታጠቢያ የሚዝለገለግ ሳሙና
el gel de ducha

የፀጉር መታጠቢያ ሳሙና
el champú

ለስላሳ ጨርቅ
la toallita

ፍሳሽ
el desagüe

ክሬም
la crema

ጠረን መቀየሪያ ንጥረ ነገር
el desodorante

መስታወት
....
el espejo

የእጅ መስታወት
....
el espejo de tocador

ምላጭ
....
la maquinilla de afeitar

የመላጨ አረፋ
....
la espuma de afeitar

ከመላጨት በኋላ የሚቀባ ሽቱ
....
la loción postafeitado

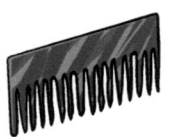

ማበጠሪያ
....
el peine

ብሩሽ
....
el cepillo

የፀጉር ማድረቂያ
....
el secador

በፀጉር ላይ የሚነፋ
....
la laca

የፊት መቀባቢያ
....
el maquillaje

የከንፈር ቀለም
....
el pintalabios

የጥፍር ቀለም
....
el pintauñas

የጥጥ ሱፍ
....
el algodón

ጥፍር መቁረጫ
....
el cortauñas

ሽቶ
....
el perfume

ማጠቢያ ባልዲ
....
el estuche de viaje

መቀመጫ
....
la banqueta

ሚዛን
....
la balanza

የመታጠቢያ ልብስ
....
el albornoz

የላስቲክ ጓንት
....
los guantes de goma

ሞዴስ
....
el tampón

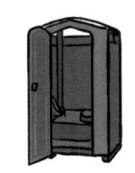

የፅዳት ፎጣ
....
la compresa

የሽንት ቤት ኬሚካል
....
el inodoro químico

የልጅ ክፍል

la habitación de los niños

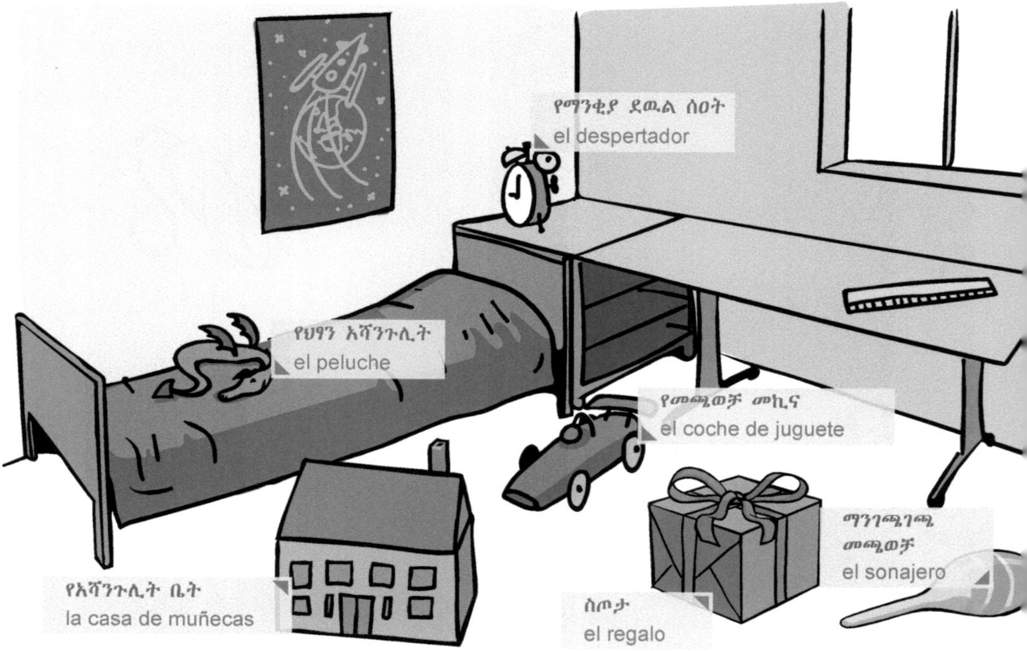

የማንቂያ ደዉል ሰዐት
el despertador
የህፃን አሻንጉሊት
el peluche
የመጫወቻ መኪና
el coche de juguete
ማንገጫገጫ
መጫወቻ
el sonajero
የአሻንጉሊት ቤት
la casa de muñecas
ስጦታ
el regalo

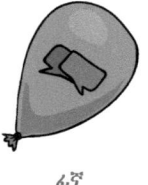

ፊኛ

el globo

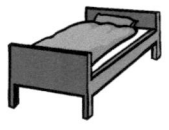

አልጋ

la cama

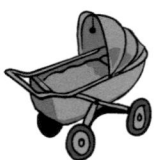

የህፃን ማንሸራሸሪያ ጋሪ

el coche de niño

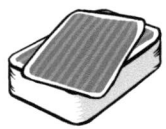

የካርታ መጫወቻ

los naipes

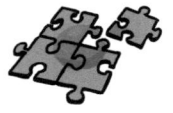

ቁርጥራጭ ምስሎችን የማገጣጠም
እና ምስል የማግኘት ጨዋታ

el puzle

SUPER
MEGA

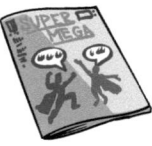

አዝናኝ

el tebeo

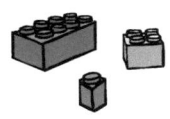

ተገጣጣሚ መጫወቻ

las piezas de lego

የመጫወቻ መገጣጠሚያዎች

los bloques de juguete

የድርጊት ምስል

la figura de acción

የህፃን እድገት

el bodi (de bebé)

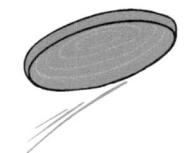

የፕላስቲክ መጫወቻ ዝርግ ሰህን

el frisbee

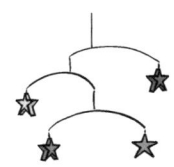

ተወዛዋዥ የህፃን ማጫወቻ

el colgador móvil para bebés

የሰሌዳ ጨዋታ

el juego de mesa

የመጫወቻ ጠጠር

los dados

የመጫወቻ ባቡር

el circuito de tren eléctrico

የእንጀራ እናት ጡጦ

el maniquí

ድግስ

la fiesta

የስዕል መፅሀፍ

el álbum de fotos

ኳስ

la pelota

አሻንጉሊት

la muñeca

መጫወት

jugar

የአሸዋ መጫወቻ
el cajón de arena

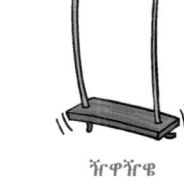

ኹዋኹዋ
el columpio

መጫወቻዎች
los juguetes

የቪዲዮ መጫወቻ
la videoconsola

ባለ ሶስት ጎማ ብስክሌት
el triciclo

የአሻንጉሊት ድብ
el oso de peluche

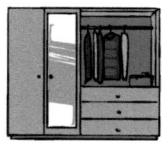

ቁምሳጥን
la guardarropa

አልባሳት
la ropa

ካልሲዎች
los calcetines

ስቶኪንጎች
las medias

ታይት
los leotardos

የአንገት ልብስ
la bufanda

ጎቶ
l cinturón

ዣንጥላ
el paraguas

ክናቴራ
la camiseta

ቡቲ
las botas

የቤት ዉስጥ ነጠላ ጫማ
las zapatillas

ስኒከሮች
las deportivas

ነጠላ ጫማዎች
las sandalias

ጫማዎች
los zapatos

የጎማብ ቡትስ
las botas de goma

ሙታንታ
el slip

ጡት መያገሻ
el sostén

ስደርያ
el chaleco

አልባሳት - la ropa

45

ሰዌነት

el bodi

ሱሪዎች

los pantalones cortos

ጅንስ

los vaqueros

ጉርድ ቀሚስ

la falda

ሸሚዝ

la blusa

ሸሚዝ

la camisa

የሚጠለቅ ሹራብ

el jersey

ሹራብ

el suéter

ዩኒፎርም ጃኬት

el blazer

ጃኬት

la chaqueta

ኮት

el abrigo

የዝናብ ኮት

la gabardina

ልብስ

el traje

ቀሚስ

el vestido

የሙሽራ ቀሚስ

el vestido de novia

ሱፍ
....
el traje

የለሊት ልብስ
....
el camisón

የለሊት ልብስ
....
el pijama

ረጅም ቀሚስ
....
el sati

ሂጃብ
....
el bandana

ጥምጣም
....
el turbante

ቡርቃ
....
la burka

ሸርጥ
....
el caftán

አባያ
....
la abaya

የዋና ልብስ
....
el traje de baño

አጭር ቁምጣ
....
el bañador

ቁምጣዎች
....
los pantalones cortos

የስራ ቱታ
....
el chándal

ሸርጥ
....
el delantal

ጓንት
....
los guantes

ቁልፍ

el botón

መነፅር

las gafas

አምባር

el brazalete

የአንንት ሀብል

el collar

ቀለበት

el anillo

የጆሮ ጌጥ

el pendiente

ኮፍያ

la gorra

የኮት መስቀያ

la percha

ኮፍያ

el sombrero

ክረ ቫት

la corbata

ዚፕ

la cremallera

የብረት ቆብ

el casco

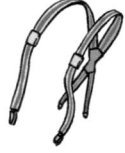

መደገፊያ

los tirantes

የትምህርት ቤት የደንብ ልብስ

el uniforme

የደንብ ልብስ

el uniforme

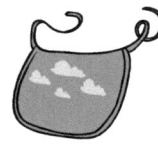

መሃረብ

el babero

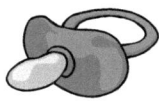

የእንጀራ እናት ጡጦ

el maniquí

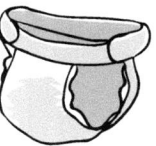

ሽንት ጨርቅ

el pañal

ቢሮ

la oficina

ማስራጫ ጣቢያ
el servidor
የፋይል መደርደሪያ ካቢኔ
el archivo
የህትመት መሳሪያ
la impresora
ረቀት
el papel
መቆጣጠሪያ
el monitor
ማጤዝ
el ratón
መፃፊያ ጠረጴዛ
el escritoria
ማህደር
la carpeta
የመፃፊ ቁልፎች
el teclado
የቆሻሻ ወረቀት መጣያ ቅርጫት
la papelera
ኮምፒዉተር
el ordenador
ወንበር
la silla

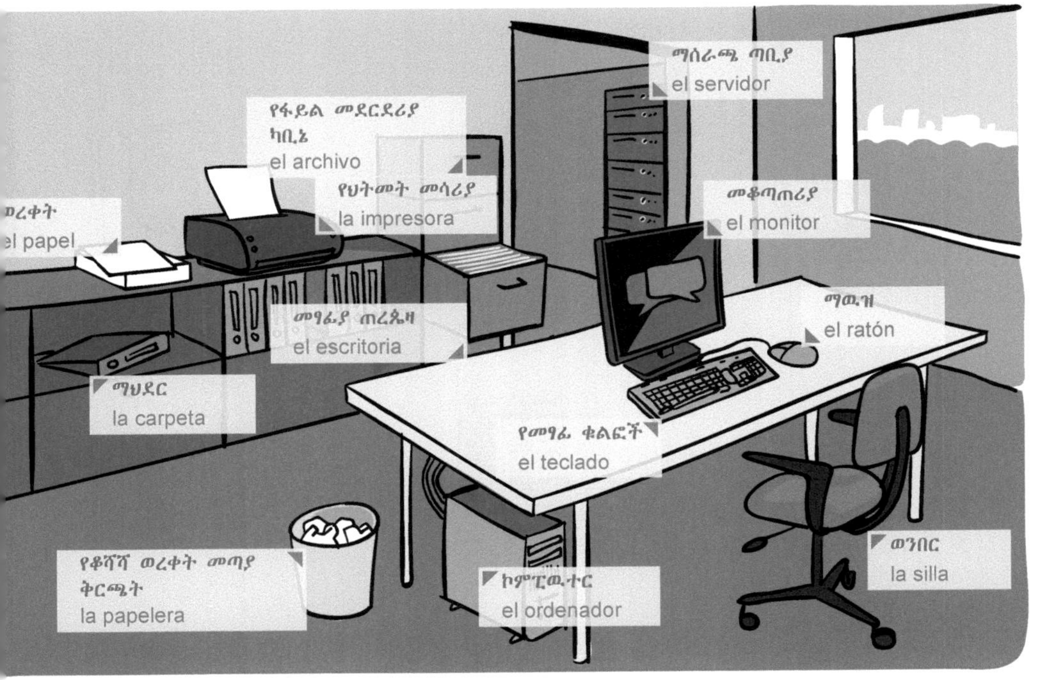

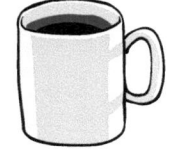

ቡና መጠጫ ትልቅ ኩባያ

la taza de café

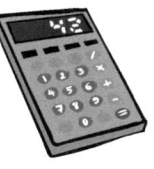

ማስልያ ማሽን

la calculadora

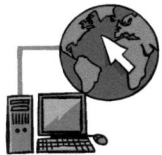

ኢንተርኔት

el internet

ላፕቶፕ

el portátil

ደብዳቤ

la carta

መልዕክት

el mensaje

ተንቀሳቃሽ ስልክ

el móvil

የግንኙነት አዉታር

la red

ማባዣ ማሽን

la fotocopiadora

ሶፍትዌር

el software

ስልክ

el teléfono

የግድግዳ ሶኬት

la toma de corriente

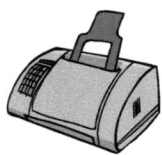

የፋክስ ማሽን

el fax

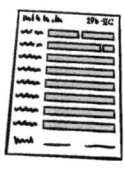

ቅፅ

el formulario

ሰነድ

el documento

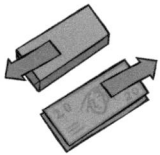

መግዛት
comprar

መክፈል
pagar

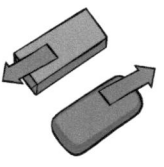

መነገድ
comerciar

ገንዘብ
el dinero

USD

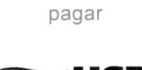

ዶላር
el dólar

EUR

ዩሮ
el euro

JPY

የን
el yen

RUB

ሩብል
el rublo

CHF

የስዊዝ ፍራንክ
el franco suizo

CNY

ሬንሚንቢ ዩዋን
el renminbi yuan

INR

ሩጺ
la rupia

የገንዘብ ነጥብ
el cajero automático

የዉጭ ገንዘብ ምንዛሪ ቢሮ

la oficina de cambio de divisas

ወርቅ

el oro

ብር

la plata

ዘይት

el petróleo

ሀይል፤ ጉልበት

la energía

ዋጋ

el precio

ግንኙነት

el contrato

ቀረጥ

el impuesto

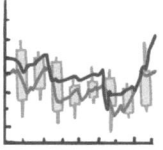

አክስዮን

la acción

መስራት

trabajar

ተቀጣሪ

el empleador

ቀጣሪ

el empleador

ፋብሪካ

la fábrica

ሱቅ

la tienda de campaña

የስራ ሙያዎች

los oficios

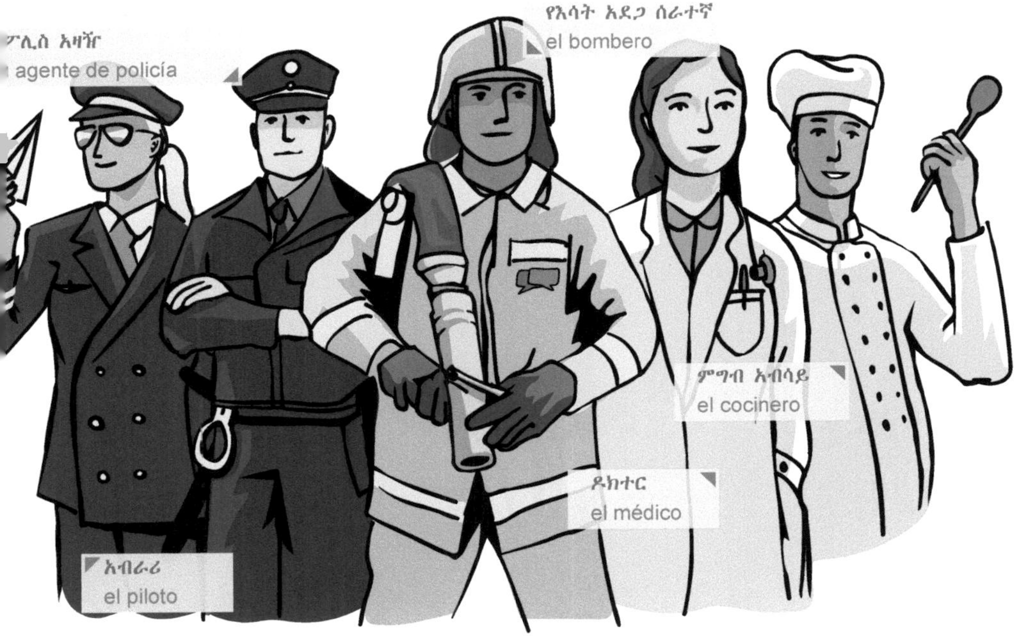

ሊስ አዛዥ
agente de policía
የእሳት አደጋ ሰራተኛ
el bombero
ምግብ አብሳይ
el cocinero
ዶክተር
el médico
አብራሪ
el piloto

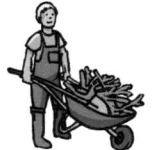

አትክልተኛ

el jardinero

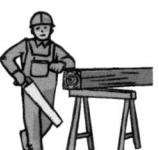

አናጢ

el carpintero

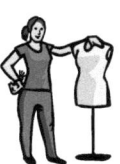

ልብስ ሰፊ ሴት

la costurera

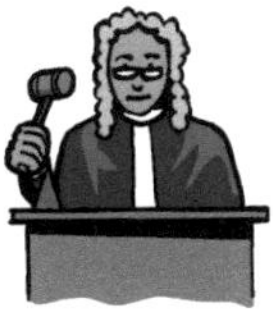

ዳኛ

el juez

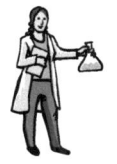

ቀማሚ

el farmacéutico

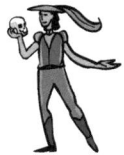

ተዋናይ

el actor

የአዉቶቢስ ሹፌር

el conductor de autobús

የታክሲ ሹፌር

el taxista

አሳ አጥማጅ

el pescador

ዕዳት ሰራተኛ

la señora de la limpieza

የጣራ ሰራተኛ

el techador

አስተናጋጅ

el camarero

አዳኝ

el cazador

ሰዓሊ

el pintor

ጋጋሪ

el panadero

የኤሌትሪክ ሰራተኛ

el electricista

ገምቢ

el obrero

መሃሃዲስ

el ingeniero

ልኳንዳ

el carnicero

የቧንቧ ሰራተኛ

el fontanero

የፖስታ ሰራተኛ

el cartero

ወታደር

el soldado

መሀንዲስ

el arquitecto

የሒሳብ ሰራተኛ

el cajero

አበባ ሻጭ

el florista

የፀጉር ሰራተኛ

el peluquero

ቲኬት ቆራጭ

el revisor

መካኒክ

el mecánico

ካፒቴን

el capitán

የጥርስ ሐኪም

el dentista

ተመራማሪ

el científico

መምህር

el rabino

የሙስሊም ሃይማኖታዊ መሪ

el imán

መነኩሴ

el monje

ካህን

el sacerdote

የስራ ሙያዎች - los oficios

መሳሪያዎች

las herramientas

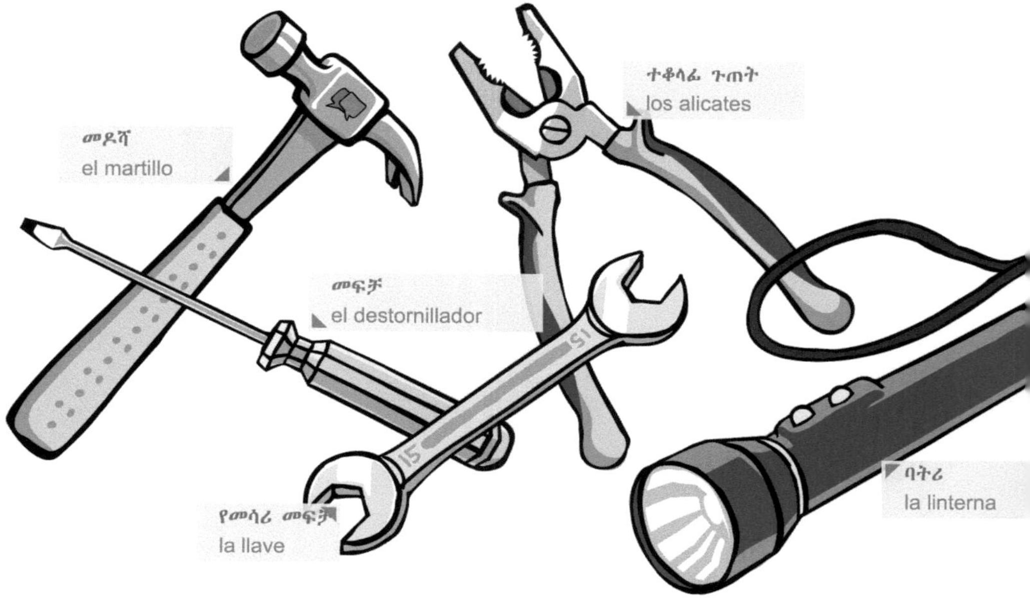
መዶሻ
el martillo
ተቆላፊ ጉጠት
los alicates
መፍቻ
el destornillador
የመሳሪ መፍቻ
la llave
ባትሪ
la linterna

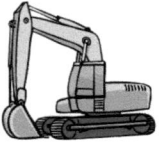

በቁፋሮ የሚዝቅ

la excavadora

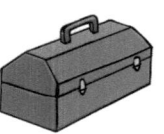

የመፍቻ ሳጥን

la caja de herramientas

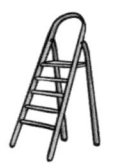

መሰላል

la escalera de mano

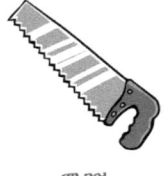

መጋዝ

la sierra

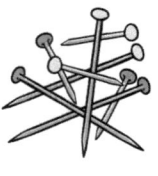

ምስማር

los clavos

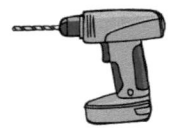

መሰርሰሪያ

el taladro

መጠገን
reparar

አካፋ
la pala

የተረገመ!
¡Maldita sea!

ቆሻሻ ማፈሻ
el recogedor

የቀለም ቆርቆሮ
el bote de pintura

ብሎን
los tornillos

የሙዚቃ መሳሪያዎች
los instrumentos musicales

የከበሮ መሳሪያዎች
la batería

የድምፅ ማጉያ መሳሪያ
el altavoz

ክራር መሰል የሙዚቃ መሳሪያ
la guitarra

ድርብ ቤዝ ጊታር
el contrabajo

የትንፋሽ ሙዚቃ መሳሪያ
la trompeta

ፒያኖ

el piano

ቫዮሊን

el violín

ወፍራም፤ ጎርናና ድምፅ ያለዉ ክራር መሰል ሙዚቃ መሳሪያ

bajo

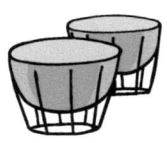

ነጋሪት

los timbales

ከበሮ

el tambor

በኤሌክትሪክ የሚሰራ ፒኖ

el teclado

የትንፋሽ ሙዚቃ መሳሪያ

el saxofón

ዋሽንት

la flauta

የድምፅ ማጉያ

el micrófono

የደር እንስሳት ማቆያ

el zoo

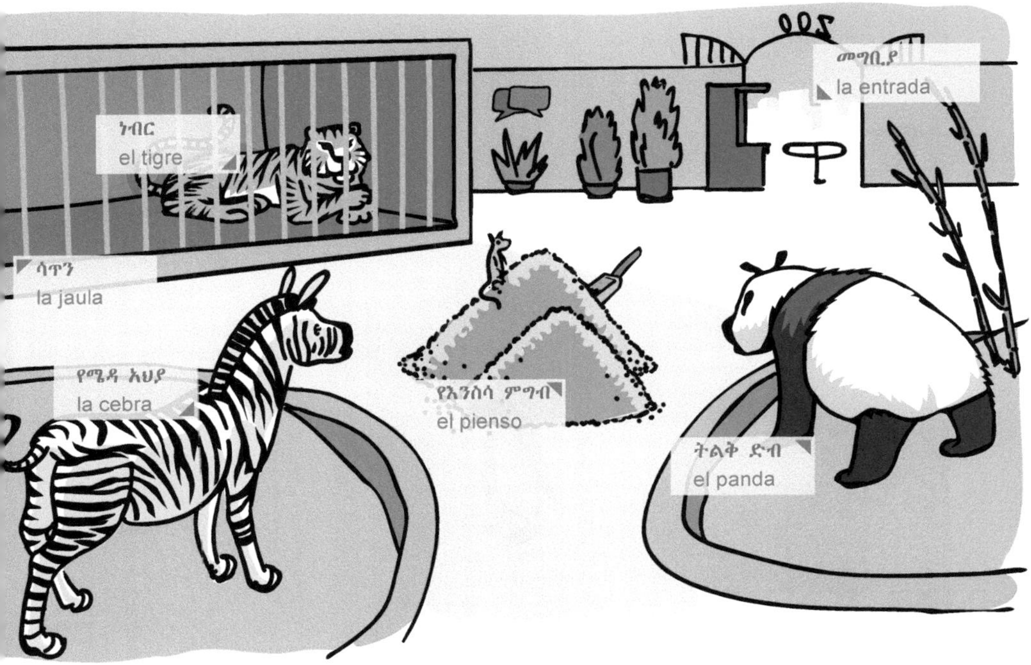

መግቢያ
la entrada
ነብር
el tigre
ሳጥን
la jaula
የሜዳ አህያ
la cebra
የእንስሳ ምግብ
el pienso
ትልቅ ድብ
el panda

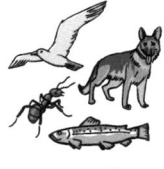

እንስሳቶች

los animales

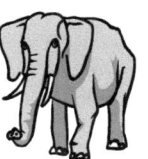

ዝሆን

el elefante

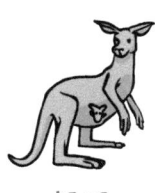

ካንጋሮ

el canguro

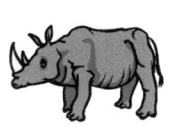

አዉራሪስ

el rinoceronte

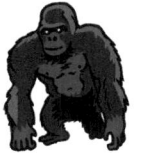

ትልቅ ዝንጀሮ

el gorila

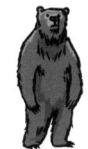

ድብ

el oso

ግመል
....
el camello

ሰጎን
....
el avestruz

አንበሳ
....
el león

ጦጣ
....
el mono

ቅልጥም ረኃም ወፍ
....
el flamingo

በቀቀን
....
el loro

የወዋልታ ድብ
....
el oso polar

የዋልታ ወፎች
....
el pingüino

ረጅም ጥርሶች ያሉትአሳ ነባሪ
....
el tiburón

ጣዎስ
....
el pavo real

እባብ
....
la serpiente

አዞ
....
el cocodrilo

የዱር አራዊት የሚጠበቁበት ማቆያን የሚጠብቅ
....
el guardián de zoológico

አሳ በሊታ የባህር እንስሳ
....
la foca

የዱር ድመት
....
el jaguar

ድንክ ፈረስ

el poni

ነብር

el leopardo

ጉማሬ

el hipopótamo

ቀጭኔ

la jirafa

ንስር

el águila

ከርከሮ

el jabalí

ዓሳ

el pescado

የባህር ኤሊ

la tortuga

የባህር አውሬ

la morsa

ቀበሮ

el zorro

የሜዳ ፍየል ፤ ሚዳቋ

la gacela

የአሜሪካ እግርኳስ
el fútbol americano

የብስክሌት ስፖርት
el ciclismo

ቴኒስ
el tenis

የቅርጫት ኳስ
el baloncesto

ዋና
la natación

የቦጢ ስፖርት
el boxeo

የበረዶ ላይ የገና ጨዋታ
el hockey sobre hielo

እግር ኳስ
el fútbol

የላባ ኳስ ጨዋታ
el bádminton

አትሌቲክስ
el atletismo

የእጅ ኳስ ስፖርት
el balonmano

የበረዶ መንሸራተት ስፖርት
el esquí

ፈረስ ግልቢያ
el polo

እንቅስቃሴዎች

las actividades

መዝለል
saltar
ማቀፍ
abrazar
መሳቅ
reír
መራመድ
caminar
መዘመር
cantar
ህልም ማለም
soñar
መፀለይ
rezar
መሳም
besar

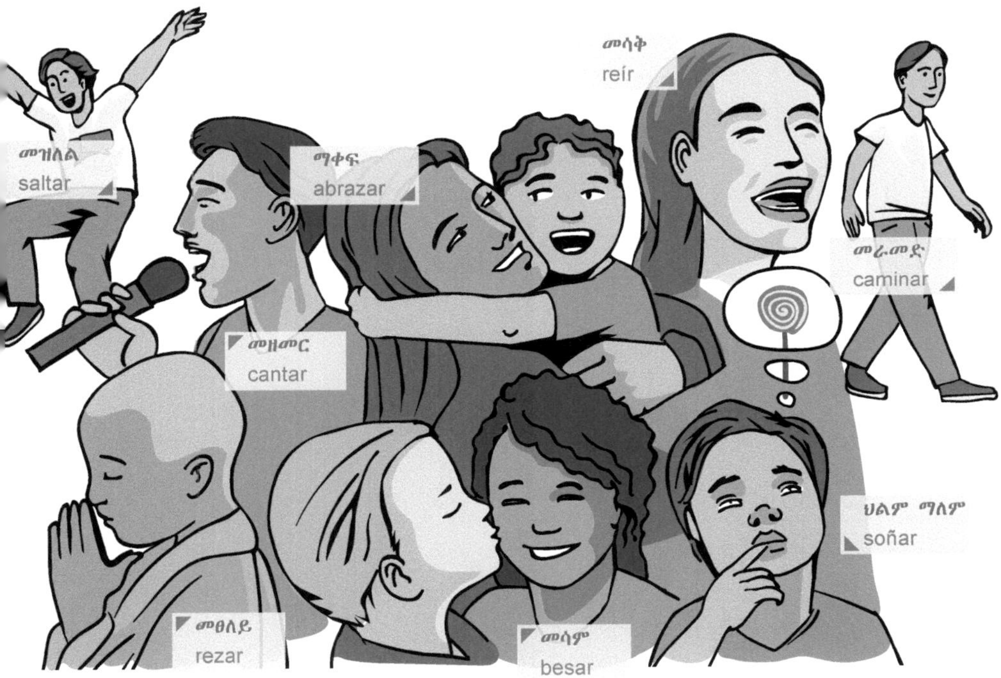

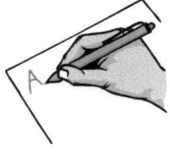

መፃፍ

escribir

መሳል

dibujar

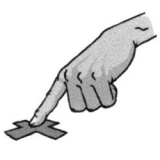

ማሳየት

mostrar

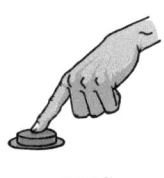

መግፋት

empujar

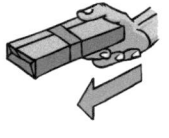

መስጠት

dar

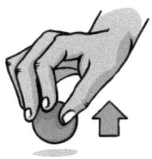

መዉሰድ

tomar

መያዝ

tener

ማድረግ

hacer

መሆን

ser

መቆም

estar de pie

መሮጥ

correr

መሳብ

tirar

መወርወር

tirar

መዉደቅ

caer

መዋሸት

yacer

መጠበቅ

esperar

መሸከም

llevar

መቀመጥ

estar sentado

መልበስ

vestirse

መተኛት

dormir

መንቃት

despertar

መመልከት
mirar

ማለልቀስ
llorar

መጫር
acariciar

ማበጠር
peinar

ማዉራት
hablar

መረዳት
entender

ጥያቄ
preguntar

ማዳመጥ
escuchar

መጠጣት
beber

መብላት
comer

ማንፃት
ordenar

ማፍቀር
amar

ምግብ ማብሰል
cocinar

መንዳት
conducir

መብረር
volar

እንቅስቃሴዎች - las actividades

መርከብ መንዳት

navegar

ቁጥሮችን ማስላት

calcular

ማንበብ

leer

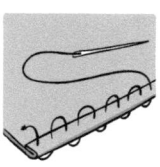

መማር

aprender

መስራት

trabajar

ማግባት

casarse

መስፋት

coser

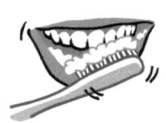

ጥርስ መቦረሽ

cepillarse los dientes

መግደል

matar

ማጨስ

fumar

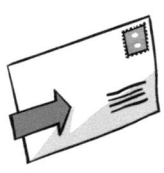

መላክ

enviar

ቤተሰብ

la familia

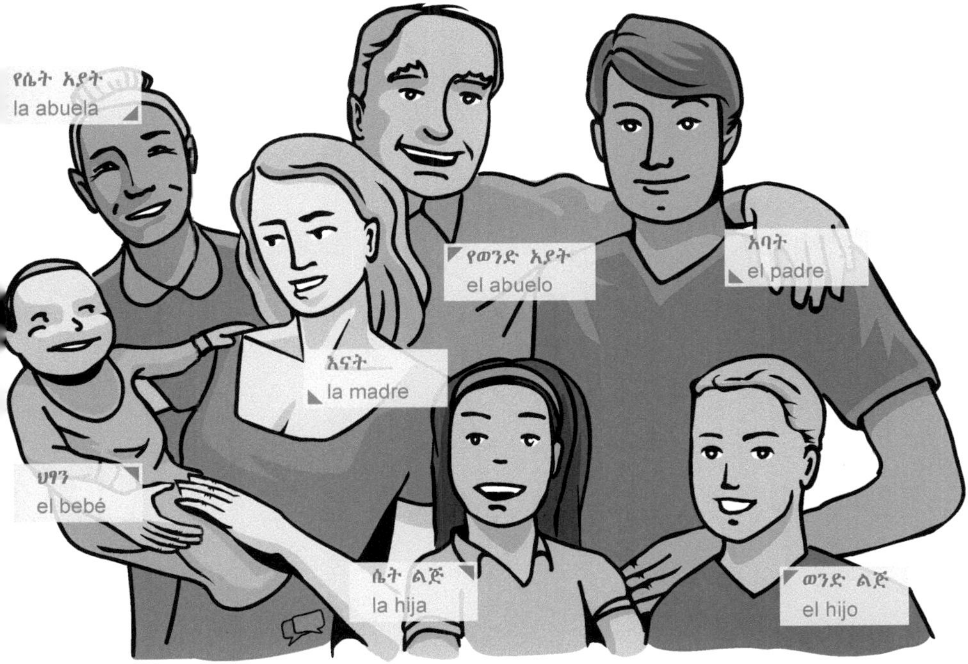

የሴት አያት
la abuela
የወንድ አያት
el abuelo
አባት
el padre
እናት
la madre
ህፃን
el bebé
ሴት ልጅ
la hija
ወንድ ልጅ
el hijo

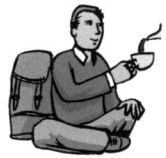

እንግዳ

el invitado

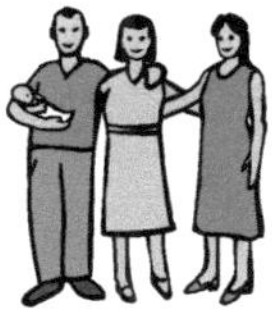

አክስት

la tía

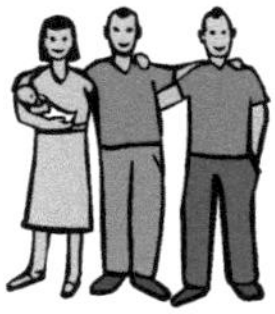

አጎት

el tío

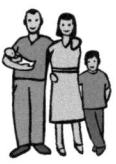

ወንድም

el hermano

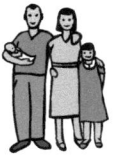

እህት

la hermana

el cuerpo

ግንባር
la frente

አይን
el ojo

ትክሻ
el hombro

ጣት
el dedo

ፊት
la cara

አገጭ
la barbilla

እጅ
la mano

እግር
la pierna

ጡት
el pecho

ክንድ
el brazo

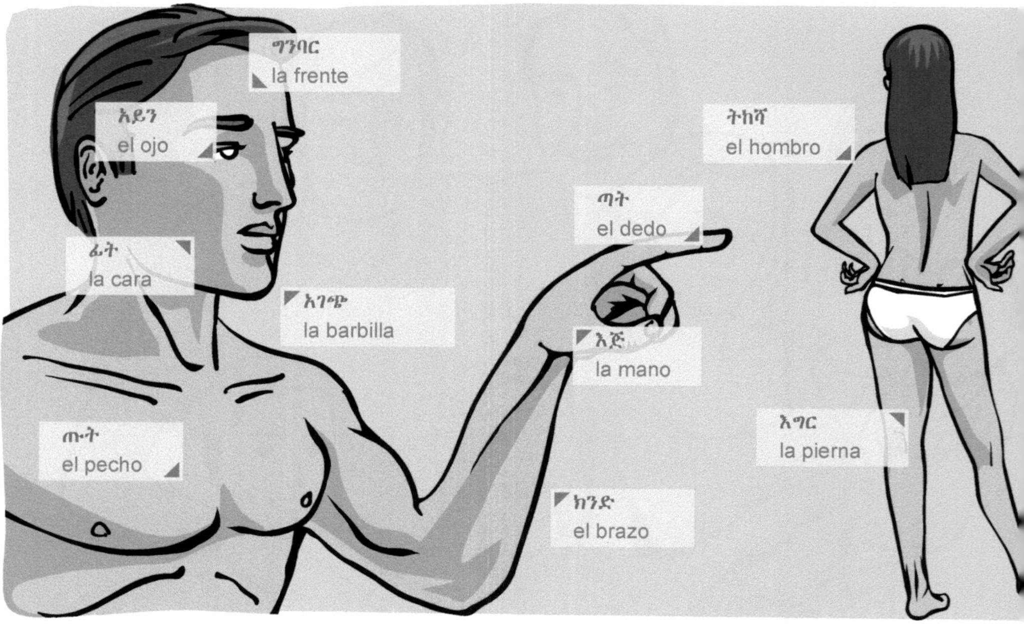

ህፃን

el bebé

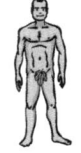

ሰዉ

el hombre

ሴት

la mujer

ልጃገረድ

la chica

ወንድ ልጅ

el chico

ራስ

la cabeza

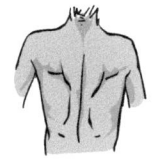

ጀርባ
....
la espalda

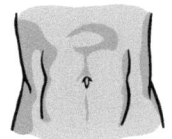

ሆድ
....
el vientre

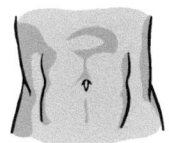

እምብርት
....
el ombligo

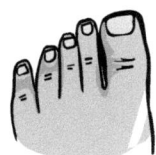

የእግር ጣት
....
el dedo del pie

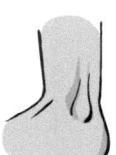

ተረከዝ
....
el talón

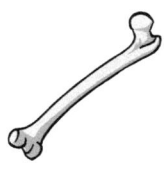

አጥንት
....
el hueso

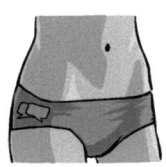

ዳሌ
....
la cadera

ጉልበት
....
la rodilla

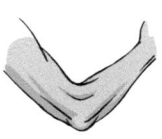

ክርን
....
el codo

አፍንጫ
....
la nariz

ቂጥ
....
el trasero

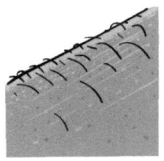

ቆዳ
....
la piel

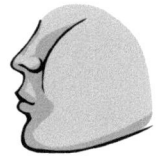

ጉንጭ
....
la mejilla

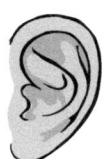

ጆሮ
....
el oído

ከንፈር
....
el labio

አፍ
....
la boca

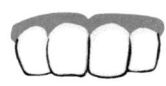

ጥርስ
....
el diente

ምላስ
....
la lengua

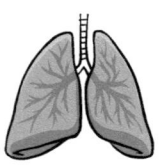

አንጎል
....
el cerebro

ልብ
....
el corazón

ጡንቻ
....
el músculo

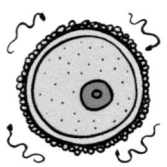

ሳምባ
....
el pulmón

ጉበት
....
el hígado

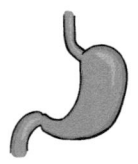

ሆድ
....
el estómago

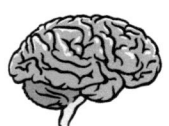

ኩላሊቶች
....
los riñones

የግብረስጋ ግንኙነት
....
el sexo

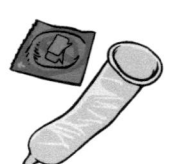

ኮንዶም
....
el condón

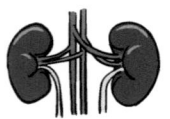

የሴት እንቁላል
....
el ovario

የዘር ፈሳሽ
....
el semen

እርግዝና
....
el embarazo

አካል - el cuerpo

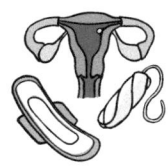

የወር አበባ
la menstruación

እምስ
la vagina

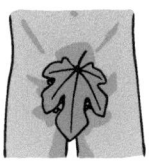

ቁላ
el pene

ቅንድብ
la ceja

ፀጉር
el pelo

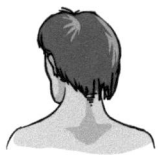

አንገት
el cuello

ሆስፒታል

el hospital

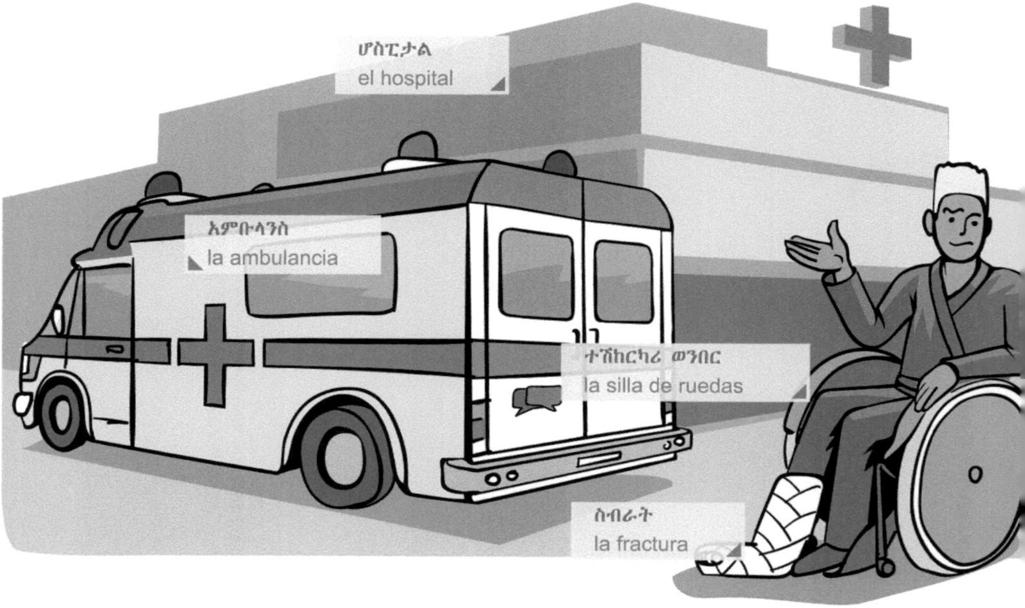

ሆስፒታል
el hospital
አምቡላንስ
la ambulancia
ተሽከርካሪ ወንበር
la silla de ruedas
ስብራት
la fractura

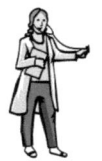

ዶክተር

el médico

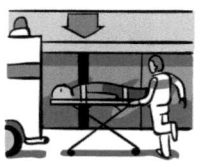

ድንገተኛ ክፍል

la sala de urgencias

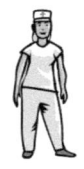

ነርስ

la enfermera

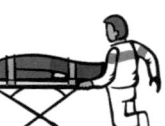

ድንገተኛ

la urgencia

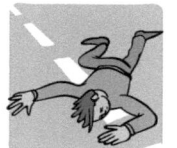

ራስን መሳት/ አለማወቅ

inconsciente

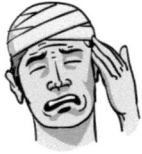

ህመም

el dolor

ጉዳት
....
la lesión

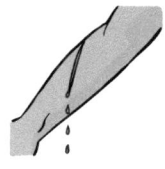

መድማት
....
la hemorragia

የልብ ድካም
....
el infarto

ስትሮክ
....
el ictus

አለርጂ
....
la alergia

ሳል
....
la tos

ትኩሳት
....
la fiebre

ኢንፍሎዌንዛ
....
la gripe

ተቅማጥ
....
la diarrea

የራስ ምታት
....
el dolor de cabeza

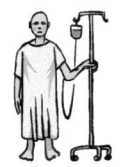

ካንሰር
....
el cáncer

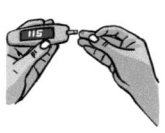

የስኳር በሽታ
....
la diabetes

ቀዶ ጠጋኝ ሐኪም
....
el cirujano

የቀዶ ጥገና ስለት
....
el bisturí

ቀዶ ጥገና
....
la operación

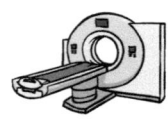

ሲቲ
TAC

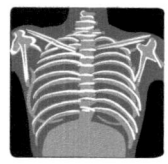

ኤክስሬይ
los rayos x

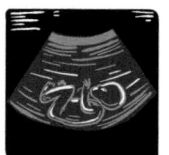

አልትራሳዉንድ
el ultrasonido

የፌት ጭምብል
la mascarilla

በሽታ
la enfermedad

መጠበቂያ ክፍል
la sala de espera

ምርኩዝ
la muleta

የቁስል ማሸጊያ
la tirita

ፋሻ
la venda

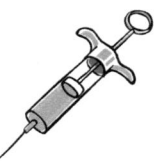

መርፌ
la inyección

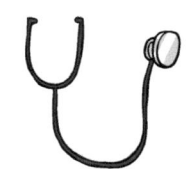

የልብ ምት ማዳመጫ መሳሪያ
el estetoscopio

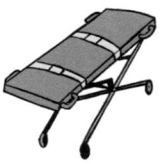

የበሽተኛ አልጋ
la camilla

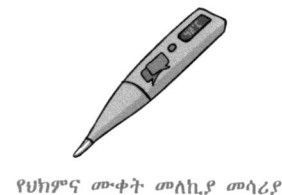

የህክምና ሙቀት መለኪያ መሳሪያ
el termómetro

መውለድ
el nacimiento

ከልክ ያለፈ ክብደት
el sobrepeso

74
ሆስፒታል - el hospital

መስማት የሚረዳ መሳሪያ
el audífono

ፀረ ተባይ መድሀኒት
el desinfectante

ማመርቀዝ
la infección

ቫይረስ
el virus

ኤች አይቪ ኤድስ
VIH / SIDA

ህክምና
la medicina

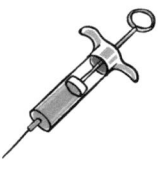

ክትባት
la vacunación

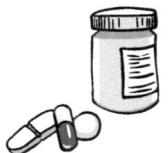

ኪኒን
las tabletas

ኪኒን
la pastilla

አስቸኳይ የስልክ ጥሪ
llamada de urgencia

ደም ግፊት መቆጣጠሪያ
el tensiómetro

ህመም/ ጤንነት
enfermo / sano

እርዳታ!

¡Socorro!

ማንቂያ ደወል

la alarma

ጥቃት

el asalto

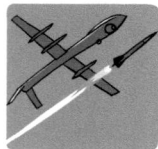

ድብደባ

el ataque

አደጋ

el peligro

የድንገተኛ መውጫ

la salida de emergencia

እሳት!

¡Fuego!

እሳት ማጥፊያ

el extintor de incendios

አደጋ

el accidente

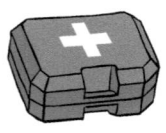

የመጀመሪያ እርዳታ መድሃኒት መያዣ

el botiquín de primeros auxilios

ነፍስ አድን

SOS

ፖሊስ

la policía

አዉሮፓ

Europa

ሰሜን አሜሪካ

Norteamérica

ደቡብ አሜሪካ

Sudamérica

አፍሪካ

África

እስያ

Asia

አዉስትራሊያ

Australia

አትላንቲክ

el atlántico

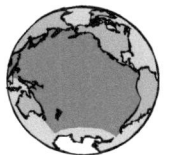

ፓስፊክ

el Pacífico

የህንድ ዉቅያኖስ

el Océano Índico

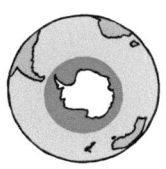

አንታርcክቲክ ዉቅያኖስ

el Océano Antártico

አርክቲክ ዉቅያኖስ

el Océano Ártico

ሰሜን ዋልታ

el polo norte

ደቡብ ዋልታ
....
el polo sur

አንታርክቲካ
....
La Antártida

ምድር
....
la tierra

መሬት
....
la tierra

ባህር
....
el mar

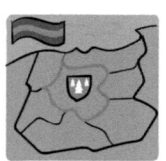

ደሴት
....
la isla

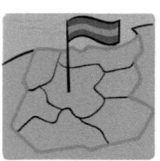

አገርና ህዝብ
....
la nación

መንግስት
....
el estado

የሰዓት ገፅታ

la esfera

ሰዓት

la manecilla de las horas

ደቂቃ

el minutero

ሴኮንድ

el segundero

ስንት ሰዓት ነው?

¿Qué hora es?

ቀን

el día

ጊዜ

el tiempo

አሁን

ahora

የቁጥር ሰዓት

el reloj digital

ደቂቃ

el minuto

ሰዓታት

la hora

ሰኞ
lunes · **MO**

TU

ማክሰኞ
martes

ረቡዕ
W · miércoles

TH

ሐሙስ
jueves

ቅዳሜ
sábado · **SA**

አርብ
viernes · **FR**

SO

እሁድ
domingo

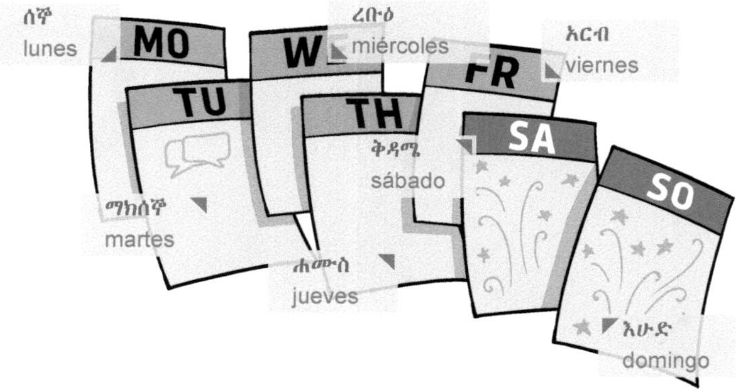

ትላንት
ayer

ዛሬ
hoy

ነገ
mañana

ማለዳ
la mañana

ቀትር
el mediodía

ምሽት
la tarde

የስራ ቀናት
los días laborables

የዕረፍት ቀናት
el fin de semana

ዓመት

el año

ዝናብ
la lluvia
ቀስተ ዳመና
el arcoíris
ጥጥ የሚመስል አመዳይ
በረዶ
la nieve
el viento
ፀደይ
la primavera
መኸር
el otoño
በጋ
el verano
ክረምት
el invierno

4.APRIL 11°
5.APRIL 4°
6.APRIL 13°
7.APRIL 8°
8.APRIL 10°

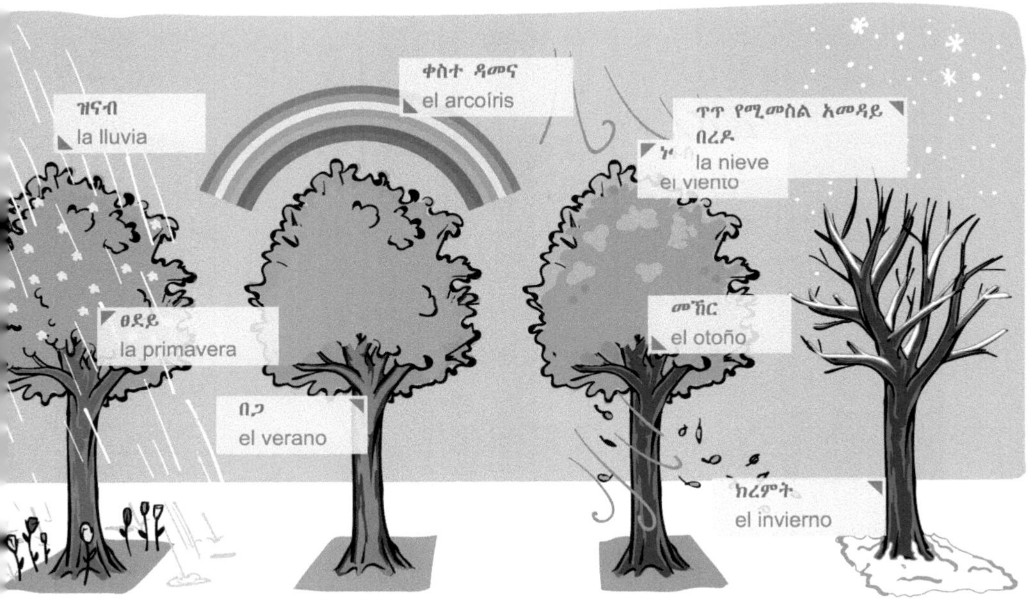

የአየር ሁኔታ ትንበያ

pronóstico del tiempo

F C
120 40
90 30
60 20
30 10
0 0
-30 -10
-20

የሙቀት መለኪያ

el termómetro

የፀሀይ ሙቀት

el sol

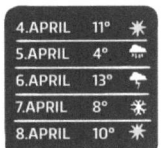

ደመና

la nube

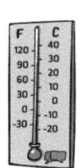

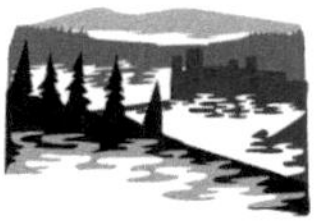

ጭጋግ

la niebla

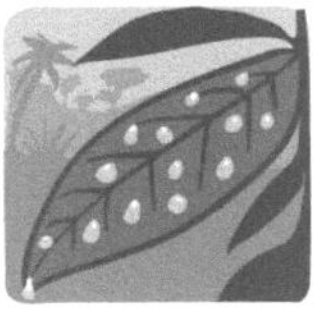

እርጥበታማነት

la humedad

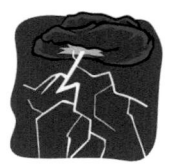

መብረቅ
....
el rayo

ነጎድጓድ
....
el trueno

አዉሎ ንፋስ
....
la tormenta

የበረዶ ዝናብ
....
el granizo

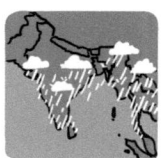

አዉሎ ንፋስ
....
el monzón

ጎርፍ
....
la inundación

በረዶ
....
el hielo

ጥር
....
enero

የካቲት
....
febrero

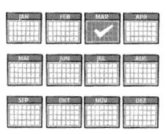

መጋቢት
....
marzo

ሚያዚያ
....
abril

ግንቦት
....
mayo

ሰኔ
....
junio

ሐምሌ
....
julio

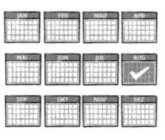

ነሀሴ
....
agosto

መስከረም

septiembre

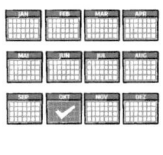

ጥቅምት

octubre

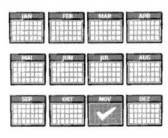

ህዳር

noviembre

ታህሳስ

diciembre

las formas

ክብ

el círculo

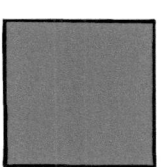

አራት ማዕዘን

el cuadrado

አራት ቀጥተኛ ማዕዘኖች ኅኖች
ያሉት ቅርፅ

el rectángulo

ሶስት ማዕዘን

el triángulo

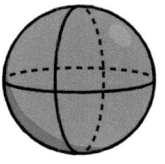

ሉል

la esfera

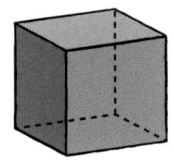

ስድስት ኅን ያለዉ ቅርፅ

el cubo

ቅርያች - las formas   83

ነጭ
....
blanco

ቢጫ
....
amarillo

ብርቱካናማ
....
anaranjado

ሮዝ
....
rosa

ቀይ
....
rojo

ወይን ጠጅ
....
morado

ሰማያዊ
....
azul

አረንጓዴ
....
verde

ቡኒ
....
marrón

ግራጫ
....
gris

ጥቁር
....
negro

ብዙ/ ጥቂት

mucho / poco

ንዴት/ እርጋታ

enojado / tranquilo

ቆንጆ/ አስቀያሚ

bonito / feo

ጅማሬ/ ፍጻሜ

principio / fin

ትልቅ/ ትንሽ

grande / pequeño

ደማቅ/ ደብዛዛ

claro / oscuro

ወንድም/ እህት

hermano / la hermana

ንጹህ/ ቆሻሻ

limpio / sucio

የተሟላ/ ያልተሟላ

completo / incompleto

ቀን/ ምሽት

el día / la noche

የሞተ/ ህያዉ

muerto / vivo

ሰፊ/ ጠባብ

ancho / estrecho

የሚበላ/ የማይበላ

comestible / no comestible

ክፉ/ ደግ

malo / amable

ደስተኛ/ ድብርተኛ

entusiasmado / aburrido

ወፍራም/ ቀጭን

gordo / delgado

መጀመሪያ/ መጨረሻ

primero / último

ጓደኛ/ ጠላት

el amigo / el enemigo

ሙሉ/ ጎዶሎ

lleno / vacío

ጠንካራ/ ለስላሳ

duro / blando

ከባድ/ ቀላል

pesado / ligero

ረሃብ/ ጥማት

el hambre / la sed

ህመም/ ጤንነት

enfermo / sano

ህገወጥ/ ህጋዊ

ilegal / legal

ጎበዝ/ ደደብ

inteligente / tonto

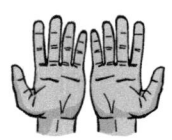

ግራ/ ቀኝ

izquierda / derecha

ቅርብ/ ሩቅ

cerca / lejos

አዲስ/ አሮጌ

nuevo / usado

ምንም/ የሆነ ነገር

nada / algo

ሽማግሌ/ ወጣት

viejo / joven

የበራ/ የጠፋ

ncendido / apagado

ክፍት/ ዝግ

abierto / cerrado

ፀጥታ/ ጫጫታ

silencioso / ruidoso

ሃብታም/ ደሃ

rico / pobre

ትክክለኛ/ የተሳሳተ

correcto / incorrecto

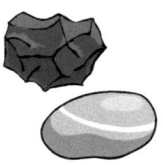

ሻካራ/ ለስላሳ

áspero / suave

ሐዘን/ ደስታ

triste / contento

አጭር/ ረዥም

corto / largo

ዝግተኛ/ ፈጣን

lento / rápido

እርጥብ/ ደረቅ

húmedo / seco

ሞቃት/ ቀዝቃዛ

cálido / frío

ጦርነት/ ሰላም

guerra / paz

0

ዜሮ

cero

1

አንድ

uno

2

ሁለት

dos

3

ሶስት

tres

4

አራት

cuatro

5

አምስት

cinco

6

ስድስት

seis

7

ሰባት

siete

8

ስምንት

ocho

9

ዘጠኝ

nueve

10

አስር

diez

11

አስራ አንድ

once

12

አስራ ሁለት

doce

13

አስራ ሶስት

trece

14

አስራ አራት

catorce

15

አስራ አምስት

quince

16

አስራ ስድስት

dieciséis

17

አስራ ሰባት

diecisiete

18

አስራ ስስምንት

dieciocho

19

አስራ ዘጠኝ

diecinueve

20

ሃያ

veinte

100

መቶ

cien

1.000

ሺህ

mil

1.000.000

ሚሊዮን

el millón

እንግሊዝኛ

el inglés

የአሜሪካ እንግሊዝኛ

el inglés americano

የቻይና ማንዳሪን

el chino madarín

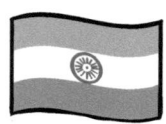

ሂንዱ

el hindi

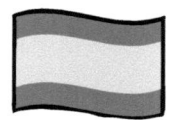

ስፓኒሽ

el español

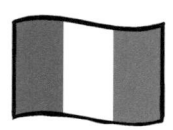

ፍሬንች

el francés

አረብኛ

el árabe

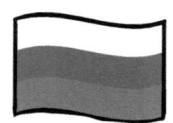

ራሺያኛ

el ruso

ፖርቹጊዝ

el portugués

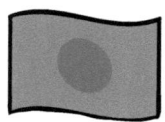

ቤንጋሊ

el bengalí

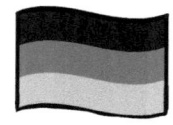

ጀርመን

el alemán

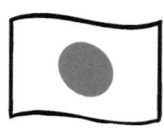

ጃፓንኛ

el japonés

እኔ

yo

አንተ

tú

እሱ/ እርሷ/ እቃዉ

él / ella / ello

እኛ

nosotros/as

አንተ

vosotros/as

እነርሱ

ellos/as

ማን?

¿quién?

ምን?

¿qué?

እንዴት?

¿cómo?

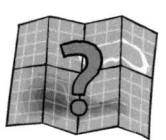

የት?

¿dónde?

መቼ?

¿cuándo?

ስም

el nombre

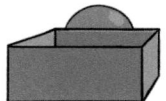

በስተጀርባ

detrás

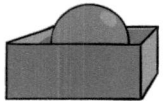

ዉስጥ

en

ከፊት ለፊት

delante de

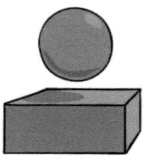

ከላይ

por encima de

ላይ

sobre

ከስር

debajo de

አጠገብ

junto a

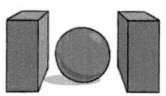

መሃከል

entre

ቦታ

el lugar